지금
나를 위해
해야 하는
것들

지금 나를 위해 해야 하는 것들
'완성'을 향한 김연경의 생각

초판 1쇄 발행 2025년 11월 21일
초판 2쇄 발행 2025년 12월 1일

지은이　　김연경
발행인　　김성룡

편집　　　이양훈
디자인　　정연규
사진 제공　라이언앳, 배구협회, 흥국생명배구단

펴낸곳　　가연
주소　　　서울시 마포구 월드컵북로4길 77, 3층
전화　　　02-858-2217
팩스　　　02-858-2219
이메일　　2001nov@naver.com

ISBN　　 978-89-6897-138-9 03810

• 이 책은 도서 출판 가연이 저작권자와의 계약에 따라 발행한 것이므로
  본사의 서면 허락 없이는 어떠한 행위나 수단으로도 이 책의 내용을
  이용할 수 없습니다.
• 잘못된 책은 구입하신 서점에서 교환해 드립니다.
• 책값은 뒤표지에 있습니다.

'완성'을 향한 김연경의 생각

지금 나를 위해 해야 하는 것들

김연경 지음

KIM YEON KOUNG STORY

서문

'나'라는 존재의 한계를 뛰어넘는 방법

　　서문은 책의 제일 앞에 있지만, 가장 나중에 쓰게 됩니다. 2025년 2월 13일 경기 후 인터뷰를 하면서 은퇴를 공식 발표하고 뜻하지 않게 '은퇴 투어'를 하던 무렵 이 책의 원고는 이미 90퍼센트 이상 완료되어 있었습니다. 남은 문제는 저의 선수 생활이 어떻게 마무리될까 하는 것이었어요. V 리그 2024-25시즌의 피날레인 챔피언 결정전의 마지막 경기까지 아무도 이 책의 결말을 알 수 없었지요.

　　많은 분들이 알다시피 저는 정말 드라마틱하게 선수로서

의 마지막 염원을 이루었습니다. 예정된 은퇴 시즌에서 통합 우승과 챔피언 결정전 MVP, 정규 시즌 MVP라는 영예를 한 꺼번에 거머쥔 스포츠 선수가 몇이나 있을까요? 대체로 은퇴는 보통 운동선수의 나이 등으로 기량이 쇠했을 때 하는 것이기에 '은퇴'와 '우승', 'MVP'라는 삼박자가 딱 맞아떨어지기란 거의 불가능한 일입니다. 지금 저는 제 자랑을 하는 게 아니에요. '김연경'이라는 이야기는 우리 모두가 함께 만들어낸 것이고, 저는 다만 그 이야기의 주인공 역할을 맡았을 뿐이었다는 사실을 꼭 말하고 싶었어요.

프로에 데뷔한 첫 해(2005-2006시즌)에 저의 팀 흥국생명은 통합 우승을 했고, 저는 신인상과 MVP를 비롯하여 6개의 타이틀을 차지했습니다. 그로부터 딱 20년 만인 올해(2024-25시즌)에 선수 생활을 마무리하면서 다시 우승과 MVP의 주인공이 되었습니다. 그래서 많은 분들이 제가 선수 생활을 해온 내내 성공만이 이어진 과정을 지났을 것이라고 생각합니다. 하지만 어느 누구의 인생이 무작정 성공으로 채워져 있겠어요? 저 역시 불안하고 두렵고 아픈 시간을 보내며 여기까지 왔습니다. 시시때때로 찾아오는 고난과 역경을 이겨내며 항상 최고의 자리를 지킬 수 있었던 것은 경기에 나설 때마다 '우리'라는 더 큰 자아의 꿈과 희망을 실현하겠다는 마음가짐 때문이었습니다. '나 한 사람'을 위해서 할 수 있는 일에는 한계가 있지만, '우리 모두'를 위할 때는 한계와 장벽이 사라진다는 사실을 저는 숱하게 경험했습니다. 이 책을 통해 제가 말하고자 했던 것이 바로 그것입니다. 우리 한 사람 한 사람이 목표를 이루고 자아를 충족시키며 꿈을 실현함에 있어 보다 원대한 이상을 품는다면, 우리에게는 응원과 지지라는 강력한 아군이 나타나 에너지를 보태준다는 사실을 많은 분들이 알았으면 하는 마음으로 이 책을 준비했습니다.

그리고 꼭 밝혀야 할 것이 있습니다. 저의 첫 책인 『아직 끝이 아니다』를 펴낼 때도 그랬고, 이 책 『지금 나를 위해 해야 하는 것들』을 준비하면서도 뛰어난 '선생님'들의 큰 도움을 받았습니다. 그들은 제가 두서없이 쏟아내는 생각들을 정제된 문장으로 다듬어주었고, 저조차도 알지 못했던 제 안의 메시지를 끄집어내주었습니다. 그분들께 깊은 감사를 전합니다.

저는 당분간 우리 사회의 선한 영향력과 한국 스포츠의 미래를 연결하는 일에 매진할 것입니다. '아이 한 명을 키우기 위해서는 마을 하나가 필요하다'는 옛말이 있습니다. 제가 바로 살아 있는 표본이에요. 체육관 몇 개를 가득 채울 만큼 많은 분들의 응원과 지지가 김연경이라는 존재를 만들었으니까요. 지금 어딘가에서 불안한 내일을 걱정하며 홀로 분투하고 있을 그 수많은 미래들을 보듬는 일에 많은 분들이 동참해주시길 부탁드립니다. 아울러 여러분 모두의 앞날에 행복이 함께하기를 간절한 마음으로 바랍니다.

차례

서문 '나'라는 존재의 한계를 뛰어넘는 방법   6

CHAPTER 1

노력하는 사람에게
마이너스 시간은 없다 | 13

1   성장하는 존재는 뺄셈을 할 줄 모른다   15
       식물의 적산 온도가 알려주는 가르침

2   인생에는 반드시 거쳐야 하는 단계가 있다   31
       속도보다는 방향과 과정이 중요한 이유

3   나의 노력과 투혼을 항상 지켜봐주는 단 한 사람   51
       내 삶의 가장 훌륭한 동반자는 누구인가?

4   경쟁 사회라고요? 나는 반대합니다   69
       아름다운 경쟁은 우리 모두를 승자로 만든다

5   작은 일에 정성을 다하는 사람에게는
      매 순간이 새로운 의미로 다가온다   85
       겉으로 드러나지 않는 헌신이 만들어내는 놀라운 성과에 대하여

CHAPTER 2
가장 힘들었던 시기에 나는 가장 많이 성장했다 | 107

6 오늘 나에게 주어진 일을 하면 된다   109
모소 대나무가 보여준 기다림의 미학

7 후보의 시간을 즐겨라   131
뛰어난 주인공은 충실한 단역과 조연의 시간을 통해 만들어진다

8 고통으로 남길 것인가, 성장통으로 승화시킬 것인가?   147
우리의 삶에 찾아오는 시련에 대처하는 자세

9 애매모호한 시간을 견뎌야 하는 이유   169
그럼에도 우리는 계속 가야 한다

10 차라리 꼰대가 되겠습니다   201
세상에 떠도는 거짓 신념에 관하여

CHAPTER 3
우리는 모두 자신의 세계를 만들어가고 있다 | 221

11 사람은 결코 몸값으로 기억되지 않는다   223
사람의 사회적 성공이 갖는 가치와 의미

12 세상을 바꾸는 아름다운 마음들   245
내가 '우리'를 위해 뛰는 이유

13 여러분과 함께해서 나는 더욱 행복했습니다   267
KYK INVITATIONAL 2024

14 항상 처음처럼   291
배구 선수 김연경이 품어온 또 하나의 꿈

CHAPTER 1

노력하는 사람에게
마이너스 시간은 없다

1

성장하는 존재는
뺄셈을 할 줄 모른다

식물의 적산 온도가 알려주는 가르침

모든 식물은 땅속에 뿌리를 내리는 시간을 필요로 한다.
지상(地上)의 관점에서는 아무런 일도 일어나지 않는 것 같은 그때야말로
어린 식물에게는 평생을 좌우하는 가장 중요한 시간이다.

적산 온도
이상과 현실
미래의 재료

고등학교 2학년 때 청소년 국가대표로 발탁되어 출전한 아시아 대회에서 득점왕을 차지했고, 고등학교 3학년이었던 2005년에는 프로 리그의 지명을 받기 전부터 성인 국가 대표팀에 선발되었으며, 졸업을 앞두고는 드래프트 전체 1라운드 1순위로 지명되었다. 프로 배구 리그(V 리그)에 데뷔한 2005-06 정규 시즌의 신인상과 MVP, 득점상, 공격상, 서브상에 이어 챔피언 결정전에서도 최우수 선수(MVP)가 되었다. 프로에 갓 진출한 새내기가 신인상과 MVP 외에 각종 상을 거머쥐며 팀을 우승으로 이끌었으니, 화제가 되지 않을 수 없었다. 이후 2008-09시즌까지 우리나라에서 네 시즌을 뛰는 동안 세 번이나 정규 시즌의 MVP로 선정되었다. 2009년에는 일본 JT 마블러스(현 오사카 마블러스)로 팀을 옮기고 이듬해에 팀을

우승까지 이끌어 성공적인 해외 진출의 길을 다시 열었다
(1976년 몬트리올 올림픽 동메달의 주역 고 조혜정 선생님이 플레잉코
치로 1979년 이탈리아 리그에 진출한 이후 30명 정도의 우리나라 여자
배구 선수가 해외에 진출했다. 일부 선수는 한국 프로 리그의 선택을 받
지 못해 해외를 택하기도 했다. 2000년 이후에는 맥이 끊겼다가 나에
이르러 대한민국 여자 배구 선수의 해외 진출이 다시 시작되었다).

고등학생 때는 물론이고 프로 선수의 출발 지점에서부터 당시 한국 여자 배구의 가장 높은 곳에 올라 있었기에 많은 사람들이 내가 배구를 시작한 처음부터 타고난 신체 조건과 기량을 바탕으로 최고의 위치에 있었을 것이라고 생각한다. 하지만 배구를 시작한 뒤 7년 가까이 나는 선수로서 그다지 주목받지 못했을 뿐 아니라, 한동안은 후보로 지내야 했다. 후보 시절에는 벤치를 지키면서 경기를 뛰는 주전 선수들을 부러운 시선으로 바라보며 응원하거나 뒤에서 돕는 것이 나의 주된 역할이었다. 같은 후보 신세였던 친구와 언제쯤 경기에서 뛸 수 있을지 푸념을 늘어놓고는 했다. 신체 조건이 배구 선수에 적합하지 않아서 축구로 종목을 옮길까 고민한 나날도 있었다. 많은 사람이 인정하는 '세계 최고'에게도 기나긴 벤치워머(benchwarmer·경기에 출전하지 못하고 벤치를

지키는 운동선수) 시절이 있었던 것이다.

  그때를 암울하게만 기억하는 것은 아니지만, 중학생 때는 고등학교 진학이 걸려 있었기에 경기에 나가지 못하는 처지를 걱정하지 않을 수 없었다. 그러나 그것은 내가 어떻게 해 볼 수 있는 문제가 아니었다. 당장 내가 할 수 있는 일은 언젠가 찾아올 기회를 기다리며 훈련을 거듭하는 것뿐이었다. 후보 선수라고 해서 주전 선수에 비해 훈련 강도가 덜한 것은 아니다. 나는 거기에 보태서 기술 훈련이나 체력 훈련을 추가로 했다. 후보가 주전이 되기 위해서는 남보다 더 노력해야 한다고 생각했기 때문이다.

  얼마 전 아는 분께서 적산 온도(積算溫度)라는 개념을 이야기해주었다. 주로 농업 분야에서 쓰는 용어인데, 한자를 글자 그대로 풀이하면 '모아서[積·쌓을 적] 계산한[算·셀 산] 온도'라는 뜻이다. 내용을 듣다가 배구 선수로서 앞날이 불투명했던 어린 시절이 떠올라 나도 모르게 미소를 지었다.

  모든 식물에는 싹을 틔우는 자기만의 온도가 있다. 보리는 1,600℃이고, 벼는 2,000℃다. 1,600℃라면 너무 뜨거워서 보리가 타 죽을 텐데, 라고 걱정하는 분이 있을 것이다. 하지만 염려 마시라. 1,600℃의 열을 한 번에 가하는 것이 아니다.

보리를 예로 들어보자. 어떤 생명체가 살아 움직이고 성장하는 자연 현상을 생장(生長)이라고 하는데, 보리가 생장할 수 있는 최저 기온은 5℃다. 추운 날에 보리의 씨앗은 죽은 듯이 땅속에 웅크리고 있다가 날이 비교적 따뜻해지기 시작할 때부터 서서히 기지개를 켜고 조금씩 자란다. 만약 어제의 기온이 7℃였다면 보리의 씨앗은 생장 최저 기온인 5℃의 초과분인 2℃를 자기 몸에 저장한다. 오늘 기온이 올라 8℃라면? 3℃를 저장한다. 내일 조금 더 기온이 올라서 9℃가 된다면, 4℃를 저장할 것이다. 보리의 씨앗이 하루하루 자기 몸에 온도를 저축하는 모양새를 상상하면 참으로 귀엽다.

그런데 매일 화창한 날만 이어지는 것은 아니다. 어느 날에는 갑자기 한파가 닥쳐서 기온이 뚝 떨어지기도 한다. 5℃ 아래로 떨어질 뿐 아니라 이상 기온 현상이 닥쳐서 영하로 떨어질 수도 있다. 그러면 이때 보리의 씨앗은 어떻게 할까?

지금껏 저축한 온도에서 5℃ 아래로 떨어진 기온만큼 뺄까? 아니다. 보리는 뺄셈을 할 줄 모른다. 생장 최저 기온인 5℃ 아래로 떨어진 날 보리는 제로(0)를 저축한다. 날씨가 궂거나 추위가 닥친다 해도 보리는 스스로 감점을 하지 않는다. 이렇게 매일매일 모은 온도가 1,600℃에 이르렀을 때 드디어 보리는 땅을 뚫고 나와 싹을 틔운다.

살아가면서 우리는 다양한 상황과 마주한다. 좋은 때가 있으면 어려움이 찾아오는 때가 있기 마련이다. 또 어떤 시기에는 뜻을 펼치지 못한 채 꽤 긴 시간 동안 정체되어 있기도 한다. 나에게는 경기에 뛰는 날보다 벤치를 지키는 날이 많았던 중학생 시절이 그랬고, 선수 생명에 지장을 줄 수 있는 부상이 찾아왔을 때가 그랬으며, 일본과 튀르키예에 진출한 뒤 언어와 문화, 텃세의 장벽에 막혀 외로움을 견뎌야 했던 때가 그랬다. 그 외에도 누구나 그러하듯, 한 사람으로서 삶을 살아가며 적지 않은 어려움과 고난에 직면했다. 하지만 그때마다 나 자신에게 "연경아, 해보자."라고 속삭이며

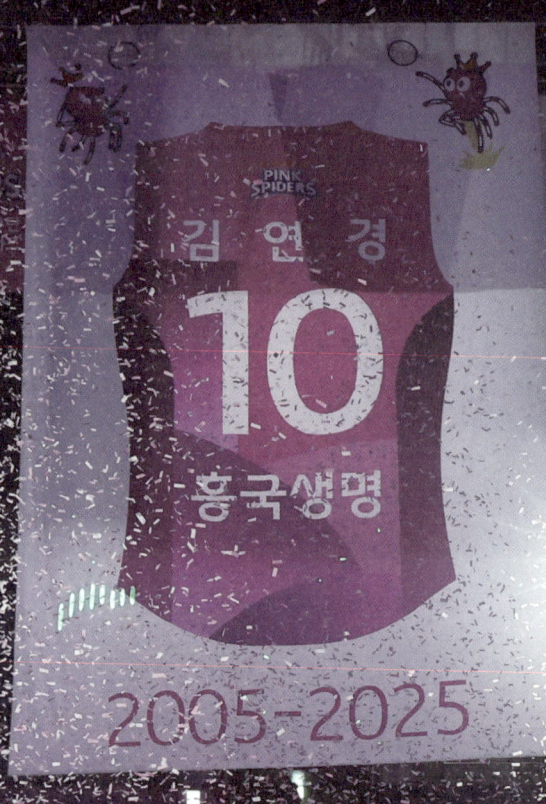

자연 속의 생명체에게
버려지는 시간은 단 1초도 없다.
꺾이지만 않는다면,
사람의 인생에서도
모든 시련은 삶의 자양분이 된다.

의지를 다졌다.

어려움이 계속되거나 인생이 뜻대로 풀리지 않을 때 좌절해서 주저앉을 수도 있다. 하지만 그때 절망 속에 머물러 있거나 포기한다면 시련은 삶에 마이너스로 작용한다. 반대로 고통과 어려움을 극복하여 다시 일어서거나, 정체된 것처럼 보이는 시간을 알차게 보내면서 내일을 기다리며 준비한다면 시련은 오히려 플러스가 된다.

이상이 크고 높을수록 현실이 비루하게 여겨질 수도 있다. 꿈꾸는 미래와 당장의 현실 사이에 간극이 커 보이기 때문이다. 이때 어떤 사람은 너무 멀어서 가물거리는 목표 지점을 향해 뚜벅뚜벅 걸어가고, 또 어떤 사람은 도저히 도달할 수 없을 것 같은 절망에 사로잡혀 앞으로 나아가기를 포기한다.

'나는 이렇게 될 거야.'라고 당차게 말하면서도 아무것도 하지 않는 사람이 많다. 그런 사람은 하늘에서 무언가가 뚝 떨어지듯 하루아침에 기적이 일어나서 자신의 처지가 확 달라질 것이라는 막연한 기대에 많은 것을 건다. 하지만 삶에서 그런 일은 절대로 일어나지 않는다. 행여 복권에 당첨되는 엄청난 행운 따위가 찾아온다 해도 그는 달라진 환경을 제대로 다스리지 못해서 이전보다 더욱 망가질 가능성이 크다. 아니면 수중에 들어온 돈을 주체하지 못해서 물질을 상전으로 모시며 각박하게 살지도 모른다.

하지만 원하는 것을 이루기 위해 노력하는 사람은 어떤 식으로든 이상과 현실의 거리를 조금씩 좁혀나가는 셈이다. 그 사람은 식물의 씨앗이 하루하루 자기 몸에 몇 도씩의 온도를 축적하듯 자기 마음과 몸과 시간에 지식과 경험이라는 점수를 쌓아간다. 적산 온도가 1,600℃에 이르렀을 때 보리가 발아하여 땅을 뚫고 나오는 것처럼 차곡차곡 쌓인 지식과 경험이 그를 원하는 곳으로 데려다줄 것이다.

함께 훈련하던 친구들이 모두 떠난 텅 빈 체육관에서 한 아이가 벽을 향해 배구공을 쳐대고 있다. 탕탕거리는 소리만이 적막한 공간을 떠돈다. 며칠 뒤 벌어질 경기를 앞두고 있지만, 그 아이가 코트에 나설 가능성은 희박하다. 하지만 아이는 오늘 할 수 있는 최선을 다하는 중이다. 여기저기 흩어진 공을 모아 담고 주변을 정리한 아이는 코트 중앙을 가로지르는 네트를 바라보며, 그 너머로 강력한 스파이크를 때리는 자신의 모습을 상상한다. 오늘 할 일을 마쳤으니, 그것으로 충분하다. 아이는 오늘 자기 몸에 1℃를 보탰다. 체육관을 나서서 숙소로 향하는 아이의 가슴이 희망으로 부풀어 오른다. 그 아이는 다름 아닌, 만년 후보였던 중학생 시절의 나다.

후보 신세가 달갑지는 않았으나, 그렇다고 주눅 들거나 실망하지는 않았다. 주전으로 나서는 후배들을 시기하지도 않았고, 경기 때마다 나를 벤치에 앉혀두는 코치 선생님을 원망하지도 않았다. 혹시라도 막내딸이 경기를 뛸까 봐 경기장에 찾아온 엄마와 눈이 마주쳐도 씩 웃어 보였다. 그때 무얼 알아서 그렇게 의연하게 행동했을까. 그런 것은 없었다. 단지 지금 상황에서 내가 할 수 있는 것을 하자는 생각뿐이었다. 그런 하루하루가 쌓여서 내가 나중에 훌륭한 배구 선수가 될 것이라는 확신 같은 것도 없었다. 그저 묵묵히 내 앞에 놓인 길을 걸어갈 뿐이었다.

후보 선수였던 중학생 시절 제대로 경기를 뛰어보지도 못한 채 이대로 선수 생활을 마감할지도 모른다는 불안함이 없었다면 거짓말이다. 아니, 오히려 그런 불안함과 걱정이 컸기 때문에 다른 친구들보다 더 열심히 훈련에 임했다. 점심과 저녁 식사 이후에 주어지는 휴식 시간에도 나는 멈추지 않았다. 뭐라도 해야만 불안과 걱정에서 벗어날 수 있었기 때문이다. 그렇게 하루를 보내고 잠자리에 들 때면 어느새 불안과 걱정은 옅어지고 배구 선수로서 조금은 더 성장했을 것이라는 뿌듯함이 가슴을 채웠다.

지금 기울이는 노력과 내가 치르는 희생이 언젠가 확실하게 보상받을 것이라고 절대적 존재가 보증해준다면, 누구나 노력하고 희생하는 것을 피하지 않을 것이다. 하지만 인생은 불확실성의 연속이기에 아무것도 보장할 수 없고 확신할 수 없다. 지금의 이 노력과 희생이 결국에는 헛수고가 될지도 모른다는 불안과 두려움이 우리의 걸음을 멈추게 만든다.

미국 대통령을 지낸 링컨(Abraham Lincoln)이 그랬던가. '미래를 예측하는 가장 좋은 방법은 미래를 만드는 것(The best way to predict your future is to create it)'이라고. 처음 이 말을 접했을 때 '뭔 소리야?' 했다. 하지만 이제는 어렴풋이 안다. 오늘 내가 한 어떤 행동이 미래라는 집을 짓는 벽돌이라는 사실을. 결코 미래는 오늘과 동떨어져 있지 않다. 오늘의 어떤 행위가 낳은 결과물이 바로 미래다. 모두가 원하는 대로 완벽한 미래를 만들 수는 없겠지만, 노력과 희생은 어떤 식으로든 조금씩 미래의 형태에 영향을 미친다.

지금 성과를 내지 못한다고 해서, 지난 시험에서 원하는 만큼 성적이 나오지 않았다고 해서 너무 낙담하지 말자. 당장은 아무것도 드러나는 것이 없지만, 어떤 노력을 기울였다면 당신은 오늘 인생 여정에 1℃를 더한 것이다. 그렇게 하루하루의 걸음걸이와 노력으로 인해 당신은 분명 어딘가로 다가가고 있고, 포기하지 않는 한 반드시 당신은 어딘가에 도달할 것이다. 그리고 길고 지루하게만 느껴졌던 지난 시간에 감사할 것이다.

우리는 매일 내일을 만들어가고 있다.
지금 내가 하는 어떤 행동 하나가
미래라는 집을 짓는 재료가 된다.

2

인생에는
반드시 거쳐야 하는
단계가 있다

속도보다는 방향과 과정이 중요한 이유

빨리 가기 위해, 남보다 앞서기 위해 지름길만을 택하면

삶의 중요한 이정표를 보지 못하고 방향을 잃을지도 모른다.

그렇게 길을 잃은 사람은

자신이 처음에 어디로 가고자 했는지조차 까맣게 잊어버린다.

입시와 교육

단계와 과정

인품

한때 나에게 책은 수면제였다. 책을 펼치면 몇 페이지 넘기지 못하고 그대로 곯아떨어졌으니까. 하지만 지금은 책 읽기에 꽤 재미를 붙였다. 여러 계기가 있겠지만, 내가 책을 펴낸 것도 한 가지 이유일 것이다.

첫 책 『아직 끝이 아니다』를 펴낸 때가 2017년이었다. 처음 출간 제의를 받은 때가 2015년 말이었는데, 그때까지만 해도 내 인생에서 장문의 글을 쓰거나 책을 낼 일이 있을 것이라고는 상상조차 해본 적이 없었다. 배구 말고는 특별히 할 줄 아는 것이 없고 별 이야깃거리도 없는 내가 무슨 수로 책 한 권을 채우나 싶어서 처음에는 출간 제의를 거절했다. 게다가 글을 쓰고 책을 내는 일이 나로서는 범접하기 힘들 만큼 멀리 있는 영역으로 여겨졌다. 책을 내기 위해서는 독자들에게 도움이 될 만한 지식과 학식, 삶의 지혜, 하다못해 얄팍하고 영리하게 살아가는 노하우라도 갖추어야 하지만 나에게는 딱히 내세울 만한 것이 없었다.

물론 출판사 측의 끈질긴 설득과 구애에 넘어간 부분도 있지만, 시간이 지나면서 조금씩 생각을 바꾸게 되었다. 초등학교 4학년이었던 1997년에 배구공을 잡았으니 2016년이면 선수 생활을 시작한 지 20년째였다. 어느 누구의 삶이 순탄하기만 할까마는 나 역시 만만치 않은 역경의 시간을 거쳐왔다는 생각이 들었다.

대부분의 사람은 정상에 서 있는 김연경의 모습만 알고 있지만, 사실은 그 자리에 이르기까지 꽤 긴 시간 동안 불투명한 미래를 걱정하며 지내야 했고, 프로에 데뷔하자마자 최고의 자리에 올랐다가 부상이라는 악재를 만나 주저앉기도 했다. 어린 배구 선수 중 누군가는 한때 내가 지났던 그 불안한 시간을 겪고 있을 것이었다. 그 아이에게 해주고 싶은 말이 있었다. 너만 그런 게 아니라고, 누구나 흔들리는 시간을 지나고 견디면서 조금씩 성장하는 거라고…… 말해주고 싶었다. 오래전부터 자라나는 배구 꿈나무들에게 좋은 멘토가 되고 싶다는 생각을 품어온 터였다. 책은 그런 역할을 하기에 더할 나위 없이 좋은 수단이었다.

 책을 내기로 하고 작업을 시작했지만, 속도가 더뎠다. 2015-16시즌에 나는 튀르키예 리그에서 뛰었기 때문에 출판사와 소통하기가 쉽지 않았다. 게다가 시즌 중에는 오롯이 배구에 몰입하기 때문에 다른 일에 신경 쓸 여력이 없었다. 시즌이 끝난 뒤 귀국했지만, 2016 리우데자네이루 올림픽을 준비하기 위해 한국의 국가대표 선수들과 호흡을 맞추느라 또다시 훈련에 매진해야 했다. 출판사 측에서는 '올림픽 특수'를 누리기 위해 리우데자네이루 올림픽이 끝난 뒤 곧바로 책을 내고 싶어 했지만, 나의 훈련 스케줄이 빡빡해서 작업 일정이 자꾸만 뒤로 미루어졌다. 결국 책이 나온 때는 리우데자네이루 올림픽이 끝나고 1년이 지난 2017년 9월이었다.

 출간 시점이 늦어진 탓인지, 나라는 사람의 인지도가 부족했던 탓인지 책의 판매는 시원치 않았다. 책이 많이 안 팔린 것이 나 때문인 것 같아서 원고를 정리하고 편집 작업을 하며 함께 고생한 출판사 분들께 미안했다. 그런데 2020 도쿄 올림픽(2021년)에서 우리 대표팀이 일본에 드라마틱한 막판 역전승을 거두고 지난 십수 년 동안 단 한 번도 이긴 적이 없던 튀르키예를 격파하는 등의 파란을 일으키며 4강에 오르는 뜻밖의 성적을 내자 책이 주목받기 시작하더니, 단숨에 베스트셀러 순위의 상위권에 진입했다. 그제야 나는 출판사를 향한 미안한 마음을 조금이나마 덜어낼 수 있었다.

서문에서도 밝혔듯이 지금 이 두 번째 책을 준비하는 과정에서도 그렇고, 첫 책을 출간할 때도 뛰어난 조력자들의 큰 도움을 받았다. 그들은 내가 주저리주저리 두서없이 끼적이고 늘어놓은 이야기들의 맥락을 정확하게 짚어주었고, 머릿속에 맴돌지만 뚜렷하게 언어로 구체화하기 힘들었던 나의 생각과 메시지를 깔끔한 문장으로 정리해주었다. 첫 책을 만들 당시 고마운 마음을 표현하기 위해 출판사 대표를 만난 자리에서 그분들을 칭찬한 적이 있었다.

"출판사에서 일하려면 참 똑똑해야 할 것 같아요. 실력 있는 분들을 붙여주셔서 고맙습니다."

"다들 김연경 씨를 좋아해서 같이 일하는 게 즐겁다고들 하네요. 다른 분야는 모르겠는데, 출판 쪽에서는 실력도 중요하지만 인성이 더 중요한 것 같습니다. 좋은 사람들이 모였으니 좋은 일이 생기겠죠."

궁금증이 생겼다. 새로운 직원을 채용하거나 업무 파트너를 구할 때 실력은 모종의 테스트 또는 포트폴리오를 통해 어느 정도 파악할 수 있겠지만, 시간을 두고 겪어보아야만 하는 인성은 어떻게 알 수 있을까? 나의 의문에 출판사 대표는 이렇게 답했다.

"그렇죠. 짧은 면접을 통해 사람의 성품까지 판단한다는 것은 어렵습니다. 하지만 제 나름의 일종의 치트키가 하나 있어요. 제 경우는 할아버지, 할머니와 함께 자란 친구들이 대체로 인성이 좋은 경우가 많았어요. 면접 때 이야기를 나누면서 사정을 알고 나면 아무래도 그런 친구에게는 마음이 후해질 수밖에 없습니다. 그리고 실제로 그런 친구들이 호흡을 맞추기 좋고, 일도 잘되니 결과물도 좋았습니다."

할머니와 할아버지가 손자, 손녀를 가르치는 것을 격대 교육(隔代敎育)이라고 한다. 사이 뜰 격(隔)과 대신할 대(代)를 쓰는 한자를 그대로 풀이하면 격대 교육은 '한 세대를 건너뛰어 대신하여 가르치다'라는 뜻이 된다. 그러니까 자식의 바로 위 세대인 부모가 아니라 한 세대를 건너뛴 조부모가 손주를 교육하는 것이다.

그렇다면 조부모와 함께 자란 사람은 왜 인성이 좋게 느껴질까?

내가 자랄 때 이미 우리나라의 가정 대부분에서 핵가족화가 진행되었기 때문에 주변에 3대가 어우러져 살아가는 집이 드물었다. 그럼에도 불구하고 노부모를 모시며 함께 사는 집이라면 그 가정의 분위기나 부모의 생각을 어느 정도 유추해 볼 수 있다. 즉, 그런 부모의 가르침에 더불어 조부모의 보살핌까지 받고 자란 아이라면, 그렇지 않은 집의 아이보다 가족애를 느끼는 유대감의 정도가 더욱 깊을 것이고, 그런 가족 환경이 아이의 사회성 및 인격 형성에 적지 않은 영향을 미칠 것이라고 생각한다.

조부모 세대는 손주에게 한결 너그럽다. 다그치기보다 보듬고, 꾸중하기보다 다독이는 경우가 많다. 반면 부모 세대는 자녀가 공부를 비롯해 여러 방면에서 뛰어나기를 바라며 때로는 과한 기대를 품곤 한다. 그러다 보니 학습과 관련해 아이를 몰아붙이거나, 성취를 독려하는 과정에서 무심코 압박을 주기도 한다. 그것은 비단 부모뿐 아니다.

한때 야구의 리틀 리그와 중학교 리그에서는 투수가 커브와 슬라이더, 스크류볼 등의 변화구 던지는 것을 금했다. 하지만 이 금기가 그리 엄격하지는 않아서 경기 중에 투수가 변화구를 던져도 심판이 제재를 가하는 일은 없었다. 그런데 요즘에는 이러한 금기와 불문율조차 거의 사라진 것 같다.

아무래도 곧게 날아오는 직구(패스트볼)에 익숙한 어린 야구 선수들은 타석에서 변화구에 약점을 보이기 때문에 또래의 투수가 변화구를 던진다면 타자는 삼진이나 범타로 물러날 가능성이 높다. 투수가 매우 유리한 지점을 차지할 수 있다는 이야기다. 그런데 어린 선수들이 변화구를 던지지 못하게 하는 이유가 있다. 아직 신체적으로 성장 과정에 있는 어린 선수가 투구에 변화를 주기 위해 어깨와 팔꿈치, 손목의 관절을 비틀어서 공을 던질 경우 해당 신체 부위가 상하기 때문이다.

야구뿐만 아니라 대부분의 스포츠 종목에서 신체를 혹사하게 만드는 '변화구'가 존재하기 마련이다. 고등학교까지는 '탈고교급'으로 평가받던 운동선수가 프로에 진출한 뒤 지지부진하거나 부상과 수술 등으로 제대로 꽃을 피우지도 못한 채 사라지는 일이 종종 있는데, 주된 이유는 어린 시절에 무리하게 몸을 혹사했기 때문이다. 선수 본인은 물론 팀의 코치와 학부모도 그런 상황을 충분히 알고 있다. 그런데도 당장 눈앞의 성과에 현혹되어 변화구라는 유혹을 뿌리치지 못한다. 미래에 일어날 불행을 감지하면서도 남보다 앞서야 한다는 강박에 쫓긴 나머지 나에게는, 우리 아이에게는 그런 일이 일어나지 않을 거라는 막연한 행운에 기댄 채 가장 중요한 것을 희생시키고 있는 것이다.

성과를 앞당기기 위해 지름길을 택하거나 일정한 단계를 건너뛰면 어느 순간에는 남보다 앞설 수 있다. 사회적 성공을 보장하는 것처럼 보이는 유리한 위치를 선점할 수도 있다. 문제는 그다음이다. 목표를 달성하고 경쟁에서 이기기 위해 효율을 추구하느라 생략해버린 과정에서 얻었어야 할 삶의 중요한 기술들을 뒤늦게라도 습득해야 하는데, 그게 그리 쉬운 일이 아니다. 대학생만 되어도 지금껏 따랐던 삶의 관성에서 쉽사리 벗어나지 못한다. 경쟁에 익숙해져버린 사람은 매사를 경쟁의 관점에서 바라보고, 어떤 집단에서든 상위권에 속해야 한다고 여기는 사람은 자신의 오류를 쉽사리 인정하지 못할 뿐만 아니라 자신은 물론 주변 사람에게도 너그럽지 못하다. 부와 사회적 지위를 최우선 가치로 받아들인 사람은 수단이 그릇되더라도 목적만 이루면 된다는 성공 지상주의의 함정에서 벗어나기 힘들다.

내가 앞서 언급한 '삶의 중요한 기술'이란 사실 그리 대단한 것이 아니다. 남과 어우러져 살아가는 방법을 알고, 타인의 감정과 처지에 공감하며, 내 몫을 조금 줄이더라도 모두가 함께 살아갈 수 있는 선택을 하는 마음가짐, 즉 우리가 '인성' 내지는 '성품'이라고 말하는 덕목이다.

사회생활에서도 그렇듯, 스포츠에서도 경기력뿐 아니라 선수 개인의 성과 면에서도 성품이 중요한 요소로 작용한다. 팀워크를 중시하는 단체 구기 종목에서 선수 개개인의 인성이 팀에 미치는 영향은 매우 크다. 그리고 아무리 뛰어난 재능을 타고났다 해도 짧게는 수년, 길게는 십수 년 동안 이어지는 지속적인 훈련과, 그 성장 과정에서 마주하게 되는 갖가지 갈등과 부정적인 상황을 인내할 줄 아는 성정을 갖추지 못한 선수는 결국 중도에 포기하거나 도태되고 만다.

신입 사원일 때는 뛰어난 역량을 발휘하다가 직급이 올라갈수록 조직에 적응하지 못하고 성과가 추락하는 직장인들이 많다고 한다. 책임과 역할이 한정되어 있을 때는 주어진

아이의 성장을 위한 육아와 교육보다는
사회적 성공을 위한 입시를 중시하면
사람이 반드시 거쳐야 할 삶의 단계를 건너뛰게 되어
올바른 인격 형성을 가로막는다.

일만 잘해내면 되지만, 직급이 올라서 업무 영역이 넓어지고 협력해야 할 파트너가 늘어난 상황에서는 리더십을 제대로 발휘해야 하는데 그러지 못하기 때문이다. 이럴 때 리더로서의 능력이 부족하다는 점을 스스로 인정하지 못하고 팀원과 파트너 탓만 하면서 조직을 강압적으로 운영하면 결국 그 조직은 망가지고 만다. 효율성만을 추구하여 남보다 좋은 지점을 차지하고 유리한 환경을 누리며 실력을 쌓는다 해도 그런 사람이 할 수 있는 역할에는 한계가 있다.

운동이든 직무든 공부든 자신이 업(業)으로 삼은 일을 포기하지 않고 꾸준히 이어가는 사람은 어떤 식으로든 완성을 향해 나아가는 셈이다. 그 모든 것을 해내도록 만들고 최종적인 성취를 향해 나아가도록 이끄는 원동력이 바로 인성이다. 그리고 인성은 인생이라는 여정에서 반드시 거쳐야 할 단계와 과정을 차곡차곡 착실하게 밟아간 사람에게 주어지는 선물 같은 것이다.

사람이 착하기만 해서 어디에 써먹느냐고? 선하고 착하다는 것은 훌륭한 인성을 형성하는 아주 작은 부분에 불과하다. 인성을 갖춘 사람은 자신이 속한 공동체의 행복을 꿈꾸기에 먼 곳을 내다보고 당장의 이익을 취하기보다는 다양한 사안을 살피며 가장 지혜로운 길을 탐색한다. 그렇게 함으로써 스스로 빛날 뿐 아니라 주위를 빛나게 한다.

그러니 저만치 앞서가는 사람을 보며 너무 조급해하지 말자. 지금 당장 뒤처진다고 해서 지름길의 유혹에 빠지지도 말자. 그렇게 해서는 멀리 갈 수 없다. 내 몸과 마음에 쌓여가는 시간과 경험을 즐기면서 묵묵히 조금씩 앞으로 나아가는 끈기야말로 목적지에 이르는 가장 훌륭한 방법이다. 길게 보면 인격이야말로 가장 쓸모 있는 능력이다.

첫 책을 펴낸 뒤에 놀라운 경험을 했다. 책에 박혀 있는 나의 생각과 메시지들이 벽과 냉장고에 붙여놓은 표어나 격언처럼 새록새록 떠올라 나를 이끌기 시작했다. 그러니까 나의 생각이 모여 만들어진 한 권의 책이 나에게 보다 책임감 있는 사람이 되어야 한다고 계속해서 속삭였던 것이다.

지금도 나의 첫 책을 펼치면 내가 지나온 시간과, 중요한 순간마다 나를 인도했던 선택과, 조금 더 나은 배구 선수가 되기 위해 쏟았던 노력이 하나하나 떠오르면서 처음으로 되돌아가는 듯한 기분에 사로잡히고는 한다. 2017년, 갓 서른을 지났던 내가 책 속에 새겨둔 나의 문장과 말들이 하나의 커다란 약속으로 떠올라 이제 우리 나이로 마흔을 코앞에 둔 나를 다시금 일깨운다.

두 번째 책을 준비하고 있는 지금 이 순간에도 나는 또다시 절대로 잊어서는 안 되고 거부해서도 안 되는 약속을 나와 이 세상에 남기는 셈이다. 그 약속이란 뛰어난 선수를 넘어 훌륭한 사람이 되기 위한 노력을 멈추지 말라는 것. 책 속의 내가 현실의 나에게 그렇게 말하고 있다.

도달해야 할 지점이 어떤 위치나 자리여서는 안 된다.
왜냐하면 그것이 삶의 목적인 사람은
그 위치와 자리에 이른 순간, 모든 것이 멈추고
그때부터는 자신이 누리는 사회적 지위를
악용하려는 탐욕이 싹트기 때문이다.
그래서 성품이 온화하고 인격이 높은 사람은
지위와 자리를 생각하기보다는
내가 무엇을 할 것인지
무엇을 할 수 있는지를 먼저 살핀다.

3

나의 노력과 투혼을
항상 지켜봐주는
단 한 사람

내 삶의 가장 훌륭한 동반자는 누구인가?

결과 못지않게 과정을 중요하게 여겨야 한다.

그리고 어떤 결과에 이르는 그 모든 과정을 지켜보는

단 한 사람이 있다.

내가 어떻게 노력했는지, 얼마나 과정에 충실했는지를

그 사람은 똑똑히 기억하고 있다.

책임과 역할
자기만족
과정과 결과

배구를 시작한 뒤로 나는 항상 '그'의 시선에서 자유롭지 못했다. 세계 최고 리그의 1위 팀에서 에이스로 활약하고 여러 세계 대회에서 최고의 공격수로 이름을 날리는 동안 수많은 사람의 기대를 한 몸에 받았지만, 내가 가장 신경을 쓴 단 한 사람은 단연 '그'였다.

'그' 앞에서만큼은 결코 부끄럽지 않고 싶었고, '그'를 실망시키고 싶지도 않았다. 경기에 나서거나 훈련을 할 때면 항상 지켜보면서 주시하고 응원하는 '그'로 인해 나 자신을 채찍질하며 여기까지 왔다. 나는 앞으로도 '그'의 기대에 부응하고 '그'를 만족시키기 위해 배구 선수로서만이 아니라 한 사람의 존재로서 완성되기 위한 노력을 멈추지 않을 것이다.

배구 선수로 유명세를 탄 뒤에 여러 매체와 인터뷰를 할 때면 자주 받는 질문이 있다.

"어떨 때 가장 행복한가요?"

이십 대에는 그때그때 상황에 따라 생각나는 대로 답했다. 경기가 끝난 뒤라면 "팀이 승리한 바로 지금"이라고 답했고, 세계 대회에 참가했다가 귀국할 때는 "우리나라를 대표하는 일 그 자체가 행복"이라고 답했으며, 비시즌 때는 "가족과 함께 있을 때" 또는 "오랜 친구들과 함께할 때"라고 답했다. 하지만 서른을 넘길 즈음부터 나의 대답은 하나로 귀결되었다.

"집에 돌아가서 씻고 침대에 누웠을 때요."

그러면 인터뷰어는 내 대답이 뜻밖이거나 맥이 빠졌는지 대충 이렇게들 반응한다. "그렇죠. 쉴 때가 제일 좋죠."

하지만 가장 행복한 때를 묻는 질문에 '침대에 누웠을 때'라고 답하는 그 문장 앞에 생략된 내용이 있다. '내게 주어진 책임과 역할을 무사히 끝마치고'다.

시즌 동안에는 거의 매일 훈련과 경기가 이어지기 때문에 집과 체육관, 경기장을 오가는 일상이 반복된다. 이 기간 동안에 내가 할 수 있는 일은 운동 말고는 거의 없다. 운동선수라면, 특히 프로 선수라면 당연히 시즌에는 운동 외의 다른 일에 신경을 꺼야 한다. 프로 선수가 리그가 한창 진행 중일 때 경기력을 해칠 만한 행위를 하는 것은 분명 잘못된 일이다.

그렇다면 시즌이 종료된 뒤에 프로 선수들은 어떻게 지낼까? 보통은 본격적인 팀 훈련이 시작되기 전 휴식 기간에는 자유롭게 지낸다. 그동안 가족에게 소홀했던 부분을 만회하기 위해 가족여행을 떠나기도 하고, 팬들과의 미팅이나 자원 봉사에 나서기도 한다. 미루어두었던 취미 활동에 집중하는 이도 있다. 어떤 선수는 사비를 들여 훈련 환경이 좋은 곳을 찾아 떠나거나 기술뿐 아니라 피지컬적으로 더욱 발전하기 위해 해외의 스포츠 클리닉에 등록하기도 한다. 사회적으로 물의를 일으킬 만한 일이 아니라면 구단에서도 휴식 기간에는 선수가 무엇을 하든 크게 제약하지 않는다.

그럼에도 프로 선수가 절대 빠뜨리지 않는 일과가 있다. 운동이다. 배구, 농구, 야구, 축구 등 종목과 무관하게 프로 선수라면 누구나 하루의 일과 중에 운동을 빠뜨리지 않는다. 쉬는 동안에 몸 관리를 제대로 하지 않으면 본격적인 훈련이 시작되었을 때 몇 배로 고생해야 한다는 걸 잘 알기 때문이다. 직장인이 회사에 출근해서 자신의 업무에 충실하듯 프로 선수는 운동이라는 본업을 놓쳐서는 안 된다. 오히려 시즌이 시작되면 기초 체력 훈련을 할 기회가 줄어들기 때문에 비시즌 기간에 몸을 만드는 일을 게을리 해서는 안 되는 것이다. 시즌에 어떤 성과를 내는가는 비시즌 동안에 어떻게 준비했는가에 달려 있다.

프로 선수에게 비시즌은 단순한 휴식기가 아니다. 나의 경우, 이 시기에는 기술적인 훈련보다는 몸의 밸런스와 피지컬 관리에 더 집중했다. 관절과 근육의 피로가 누적되기 때문에 충분한 회복이 필요하기 때문이다. 그래서 배구보다는 근력운동·유산소훈련·재활훈련에 집중했다. 시즌이 시작되면 이때 비축해둔 체력과 밸런스가 경기력의 기초가 되기 때문이다.

나는 팀 트레이너가 준비한 웨이트 프로그램에 따라 꾸준히 훈련했고, 요가·필라테스·싸이클·러닝 등을 병행하며 체력을 보강했다. 때로는 미국으로 트레이닝을 떠나 시즌 중 부족했던 부분을 보완하면서 트레이너들의 조언을 참고해 매 시즌마다 나만의 비시즌 계획을 세웠다. 하지만 사실 나에게 비시즌은 길지 않았다. 리그가 끝나고 얼마 지나지 않아 곧바로 대표팀 일정이 이어졌기 때문이다. 국가대표 은퇴 이후에서야 비로소 '진짜 비시즌'이라는 시간을 경험할 수 있었다.

가끔 이런 질문을 받는다.

"이제 이룰 거 다 이루었는데 훈련은 좀 설렁설렁하면 안 되나요?"

천만의 말씀! 몸으로 체득한 기술과 감각의 유효 기간은 그리 길지 않다. 단 며칠이라도 손을 놓으면 경기력을 회복하는 데 많은 시간을 필요로 한다. 그래서 전장(戰場)의 검객이 칼날을 벼리듯, 프로 선수는 매일 자신의 신체를 단련하고 연마하면서 최상의 상태를 유지해야 한다. 게다가 게으름과 나태함의 달콤함에 빠져들면 좀처럼 헤어 나오기 힘들다는 사실을 알기에 아예 그런 유혹을 차단하기 위해서라도 매일 운동을 한다.

과거에는 운동선수를 두고 머리가 안 되니까 몸으로 때운다는 식으로 폄하하는 시선이 적지 않았다. 하지만 30년 가까이 선수 생활을 하면서 경험한 바에 의하면, 운동선수들은 어느 직업군 못지않게 직업정신이 투철하고 자신의 한계를 뛰어넘기 위해 매진하는 경이로운 사람들이었다. 운동선수가 특별하다는 말이 아니라, 자신에게 주어진 역할에서나 인간으로서나 더욱 발전된 존재가 되기 위해 노력하는 모습이 여느 직업인과 견주어도 뒤처지지 않는다는 뜻이다.

나 역시 나약한 인간이기 때문에 몸과 마음이 지칠 때면 한 템포 쉬어갈까 하는 마음이 들고는 한다. 하지만 그럴 때마다 머릿속에 떠오르는 장면이 있다. 추운 겨울날 불빛 한 점 없는 새벽 운동장에서 연신 뜨거운 입김을 내뿜으며 달리는 청소년 여자아이들이다.

초등학교 4학년 때 처음 배구공을 잡은 뒤 중학교에 진학하면서 본격적인 선수 생활이 시작되었다. 요즘 중고등학교의 운동부에서는 특별한 상황이 아니면 집과 학교를 오가며 운동을 하지만, 내가 고등학교에 다닐 때만 해도 대부분의 운동부는 대체로 학교에서 합숙을 했다. 운동을 하기 위해 고향을 떠나 다른 지방의 학교에서 유학하는 학생이 적지 않았기에 더욱 그랬다. 그때를 떠올리면 어떻게 그 어린 아이들이 부모, 가족과 떨어져 그처럼 강도 높은 훈련과 일정을 소화했을까 하는 생각이 든다.

고등학교 때는 훈련 강도가 더욱 심했다. 기상 시간은 새벽 5시 30분. 알람이 울리면 아이들은 까치집이 된 머리와 부스스한 얼굴로 몸을 일으킨다. 다들 잠옷이 아니라 운동복을 입은 채이고 머리맡에는 양말이 놓여 있다. 옷을 갈아입는 시간을 줄여서 단 1분이라도 더 자기 위해서다.

아직 동이 트지 않은 운동장에는 불빛 한 점 없다. 어스름한 새벽빛에 기대어 아이들은 무거운 걸음을 옮긴다. 새벽 훈련은 달리기로 시작한다. 운동장 수십 바퀴를 돌면서 몸을 데운다. 한겨울에도 운동복이 땀에 젖을 만큼 달리고 나면 아침밥이 기다리고 있다. 아침을 먹은 뒤에는 잠시 쉬었다가 다른 학생들이 등교할 때까지 다시 훈련을 한다.

아침 훈련을 마친 뒤 교실에서 오전 수업을 받고 점심을 먹은 뒤 체육관에 모여서 오후 훈련을 한다. 강도 높은 훈련이 저녁까지 이어진다. 저녁을 먹고 나면 휴식을 취한 뒤 다시 야간 훈련이 이어진다. 야간 훈련까지 마치고 숙소로 돌아가 씻고 베개에 머리를 기대면 그대로 곯아떨어지기 일쑤였다. 체력적으로 부담이 크다 보니 아이들은 아침, 점심, 저녁을 먹은 뒤에 잠깐 주어지는 휴식 시간은 몸을 늘어뜨리고 쉬거나 모자란 잠을 청했다.

주중에 합숙을 하던 아이들은 주말에 집으로 향했다. 학교에서는 제법 어른스럽게 행동하다가도 집에서는 여지없이 응석받이 막내딸이 되었다. 나는 가족들 앞에서 푸념을 늘어놓고는 했다.

"어디 키 크는 약 같은 건 없어?"

지금 내 키는 우리나라 여자 배구 선수들의 평균 신장보다 크지만, 고등학교 1학년 때까지만 해도 운동신경과 능력은 좋았지만 키가 아쉬웠다. 게다가 신체 밸런스가 맞지 않아서 달리기를 할 때면 꼴찌를 많이 해서인지 훈련을 할 때도 스트레스가 컸다. 키라도 크면 높이를 활용할 수 있을 텐데, 그마저도 안 되니 답답하고 불안한 시간이 오래 지속되었다.

특히 중학생 때는 뾰족한 수가 보이지 않아서 나의 푸념과 걱정이 점점 커져갔다. 그게 보기 안쓰러웠던지 좀처럼 딸아이 일에 나서지 않는 엄마가 학교로 코치 선생님을 찾아가 상담을 했다고 한다.

"이렇게 후보로만 있다가 선수 생활이 끝나는 건 아닐까요?"

그때 코치 선생님께서는 이렇게 말씀하셨다.

"밥을 먹고 나면 애들 쉬는 시간이 있어요. 다들 새벽부터 일어나서 달리고 훈련하면 말도 못하게 지칩니다. 그래서 아이들은 휴식 시간에 쪽잠을 자요. 그런데 체육관에서 공 소리가 나서 누구지 싶어 가보면 어김없이 연경이에요. 아주 독한 구석이 있어요. 저렇게까지 하는데 뭐라도 해내겠다 싶습니다."

나는 이 이야기를 시간이 많이 지난 뒤에야 엄마에게 들었다.

키가 크는 문제는 내가 어찌할 수 없는 영역에 있었다. 내가 컨트롤할 수 있는 것은 오로지 나 자신뿐이었다. 어릴 때도, 성인이 된 지금도 나는 그다지 신중하고 지혜로운 사람이 아니지만, 배구에 관한 한 내가 정해놓은 루틴을 반드시 지켜야 한다고 늘 생각해왔다. 그리고 무엇보다도 나를 지켜보는 그 사람 앞에서만큼은 당당하고 싶었기에 멈출 수 없었다.

이 글을 시작하면서 나는 '그'에게 부끄러운 사람이 되지 않기 위해 노력해왔다고 썼다. '그'가 누굴까? 바로 김연경, 나 자신이다.

앞서 밝혔듯이 나는 중학생 때 후보 신세였다. 고등학교 1학년 때까지도 벤치를 지켜야 했다. 후보가 주전이 되기 위해서는 남보다 더 열심히 해야 했기에 나는 밥을 먹고 난 뒤의 휴식 시간을 활용해서 개인 훈련을 했다. 쉬고 싶어 하는 아이들을 괴롭힐 수 없어서 내 개인 훈련의 파트너는 항상 벽이었다. 당시 나는 팀에서 수비를 맡았는데, 그래서 벽을 향해 날린 공이 튕겨서 되돌아오면 받아내는 식으로 리시브 훈련을 하거나 서브 훈련을 했다.

그렇게 하루를 끝내고 숙소의 잠자리에 누우면 마음이 편안했다. 선수로서 성공하지 못할지도 모른다는 불안이 가슴에 스멀스멀 스며드는 가운데에도 내 할 일을 했다는 뿌듯함이 밀려왔다.

대부분의 사람이 자기만족을 실현하기 위해 살아간다. 우리가 인생을 살아가면서 무언가를 배우고 직업 활동을 하며 정신적·육체적 노동을 하는 등의 갖가지 노력을 기울이는 이유는 미래의 만족스러운 상태를 이루기 위해서다. 물론 사람에 따라, 나이에 따라, 각자가 처한 상황에 따라 자기만족을 충족시켜주는 것의 성질이 다르다. 어떤 사람은 물질이 채워졌을 때 만족을 느끼고, 어떤 사람은 자격증을 따는 등의 성취를 이루었을 때, 어떤 사람은 멋진 공연을 관람하면서 자기만족을 느낄 것이다. 또 젊었을 때는 좋은 차와 집, 사회적 성공을 추구하다가 나이가 들어서는 남을 돕고 사회봉사를 하면서 자기만족을 느끼는 사람도 있을 것이다.

자기만족을 충족한 상태란 내가 어떤 행위를 해서 얻은 결과다. 따라서 만족스러운 상태를 이루기 위해서는 시간과 노력을 투자하는 과정이 필요하다. 그러나 많은 사람이 스스로 만족스러운 상태를 실현하기까지의 과정을 제대로 수행하지 못해서 중도에 좌절하거나 포기한다. 이는 자기만족이라는 결과에 이르는 과정을 고통이나 인고의 시간으로만 여기기 때문이다.

하지만 자기만족이라는 결과에 이르는 과정의 각 단계에서도 얼마든지 자기만족을 충족시킬 수 있다. 예를 들어 누군가 고가의 좋은 신발이나 가방을 갖고 싶다는 목표를 세웠다고 가정해보자. 그 사람은 그 신발과 가방을 소유하게 되었을 때 자기만족을 충족시키게 된다. 하지만 목표를 이루기 위해 하나하나 밟아나가는 과정에서도 얼마든지 만족을 느낄 수 있다. 오늘 먹고 싶은 것이나 사고 싶은 것을 참아서 돈을 아꼈다면, 그 사람은 신발과 가방이라는 목표에 조금 더 다가간 셈이다. 그렇게 한 푼 두 푼 아낀 돈이 저금통이나 통장에 쌓여가는 과정을 즐기는 것도 일종의 자기만족을 충족시키는 행위다. 이러한 과정을 생략한 채 카드로 질러버린다면 당장은 자기만족을 충족시킬 수 있지만, 오래지 않아 카드 값이라는 부채에 시달리게 되면서 그의 만족감은 희미해지고 말 것이다. 과정을 무시한 채 결과만을 추구한다면 반드시 그에 상응하는 대가를 치러야 한다.

결과를 제대로 누리기 위해서는 과정을 중시해야 한다. 지금 내가 지나고 있는 과정을 소중하게 여기는 사람은 결과 못지않게 과정을 통해서도 얼마든지 만족과 행복을 누릴 수 있다. 후보 배구 선수 김연경이 식사 시간 이후의 달콤한 휴식을 포기하고 개인 훈련에 매진했던 것은 일부러 사서 고생을 한 것이 아니라, 그렇게 했을 때 찾아오는 안도감과 만족감, 즉 자기만족을 위한 것이었다. 나에게 기대를 걸고 나를 응원하며 때로는 질책하기도 하는 또 다른 자아를 충족시키기 위한 행위였다. 남보다 조금 더 노력했을 때 반드시 내가 원하는 결괏값을 얻으리라는 확신은 없었지만, 나는 내 할 일을 다했을 때 찾아오는 만족스러운 상태를 누리기 위해 매일 최선을 다했다.

나에게 주어진 시간을 어떻게 보내고 있는지, 이루고자 하는 목표를 향한 과정에 어떻게 임했는지는 어느 누구보다도 나 자신이 제일 잘 안다. 다른 사람을 속일 수는 있어도 결코 나 자신을 속일 수는 없다.

해야 할 일을 잘 마무리하고, 나와 타인에게 했던 모든 약속을 잘 지키고 난 뒤에 맞이하는 휴식의 시간은 행복하다. 집으로 돌아와 씻고 나서 침대에 누우면 충만한 느낌에 사로잡힌다. 삶의 과정을 즐기고 나에게 부끄럽지 않을 만큼 노력했기에 언젠가 찾아올 결과를 설레는 마음으로 기다릴 수 있다. 오늘 하루를 충실하게 보낸 사람에게는 내일이 선물로 다가온다.

결과 못지않게 과정을 소중하게 여겨야 한다.
과정을 중요시하는 사람은
어떤 일이 이루어져가는 각 단계에서 기쁨과 보람을 느끼고
비록 만족스러운 결과를 얻지 못한다 해도
자신이 기울인 노력의 과정 속에서 많은 것을 배운다.

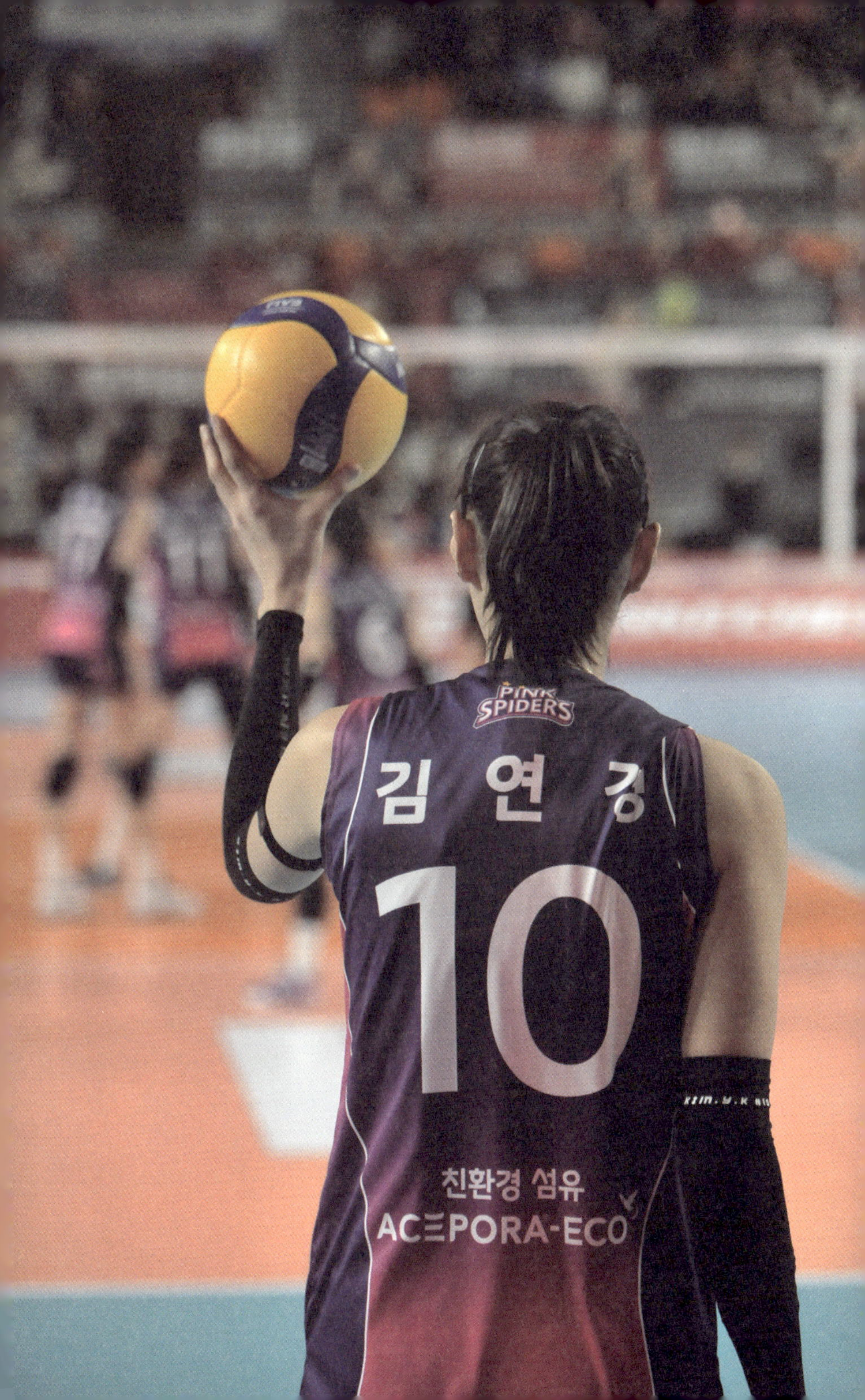
PINK SPIDERS
김연경
10
친환경 섬유
ACEPORA-ECO

4

경쟁 사회라고요?
나는 반대합니다

아름다운 경쟁은 우리 모두를 승자로 만든다

상대를 무너뜨리는 방식의 경쟁은 오로지 패자를 만들 뿐이다.
좋은 라이벌 관계는 우리의 몸과 마음을 고양시키고
아름다운 경쟁을 통해 모두를 승자로 만든다.
진정 내가 싸워야 할 대상은 '어제의 나'다.

경쟁
라이벌
참된 승리

나와 가깝게 지내거나 나를 겪어본 사람들이 자주 하는 말이 있다.

"연경아, 넌 너무 솔직해서 탈이야."

그들의 말대로 나는 말과 행동은 물론 마음조차 잘 꾸밀 줄을 모른다. 느낀 대로 반응하고, 옳다고 생각하는 것은 곧이곧대로 밀어붙이는 편이다. 배구에 관해서는 이런 성향이 더욱 완고해서 굳이 최선을 다할 필요가 없는 상황에서도 일부러 살살 하거나 져준다는 생각은 해본 적이 없다. 심지어 초등학생 배구 선수들과의 이벤트 경기에서도 매번 강스파이크를 때려서 아이들의 혼을 빼놓았다(심지어 내가 때린 공이 아이의 머리통을 강타하기도 했다). 은근히 져주기를 바라는 어린 조카 앞에서 승부욕을 불태우는 얄미운 장난꾸러기

이모 같아 보이겠지만, 최선을 다하지 않는 것은 상대에 대한 예의가 아니라고 생각하기에 그렇게 했다.

솔직한 말과 행동이 오해를 사거나 사람을 불편하게 만든다는 걸 나도 알고 있다. 부지불식간에 상대의 단점을 들추어내서 당황하게 만들기도 하고, 사람들이 듣고 싶어 하는 말을 할 줄 몰라서 은근히 립서비스를 바라는 이들을 실망시키기도 한다. 사회생활 편하게 하려면 에둘러서 말하고 안 그런 척 행동할 줄 알아야 하는데, 이제 와서 그러자니 나답지 않은 것 같아서 포기했다.

나의 솔직한 언행은 '권위' 앞에서도 그대로 드러난다. 상대가 누구인지에 따라서 격식을 갖추어야 할 때는 좀 그래야 하는데, 나로서는 그게 참 쉽지가 않다. 협회나 국가대표 선수촌의 어른들을 대할 때 동네 이웃 아저씨에게 하듯이 해서 주변을 얼어붙게 만든 일이 한두 번이 아니다.

튀르키예의 페네르바흐체에서 뛸 때 구단의 한 스태프가 튀르키예 언론과 인터뷰하면서 나를 두고 "환경 미화원과 대통령을 똑같이 대할 한결같은 사람"이라고 말했다는데, 그래도 대통령 앞에서는 살짝 긴장했다. 내가 중국 상하이 브라이트 유베스트에서 뛰던 당시(2017-18시즌) 베이징에서 한

중 정상 회담이 열렸을 때 국빈 만찬에 초청되었는데, 문재인 대통령과 시진핑 주석 앞에서 평소처럼 행동할까 봐 조심했던 기억이 생생하다.

나는 세상에 떠도는 우리의 관념을 지배하는 숱한 사회 통념 가운데 유독 나를 불편하게 만드는 것이 있다. 그것은 '경쟁'을 부추기는 명제들이다. '세상은 2등을 기억하지 않는다.', '무한 경쟁 시대', '현대 사회는 경쟁 사회', '경쟁이 성과를 높인다.' 등등의 말을 접할 때면 나도 모르게 인상을 찌푸리게 된다. 인생의 대부분을 승부의 현장에서 상대를 이기기 위해 살아오며 누구보다도 경쟁을 중시했던 사람이 무슨 소리냐 싶을 것이다.

경쟁 자체가 나쁜 것은 아니다. 선의의 경쟁은 건강한 긴장을 동반하고 더 나아지려는 욕구를 일으키는 강력한 동기가 된다. 문제는 우리 사회의 여러 시스템이 과도한 경쟁을 유도하는 방향으로 움직이고 있다는 점이다. 내가 노력해서 성과를 이루고 기여하기보다는 상대를 폄훼하고 깎아내리는 형태로 반사 이익을 얻으려는 그릇된 경쟁에서는 패자만 있을 뿐 승자가 존재할 수 없다.

도쿄 올림픽을 앞둔 2019년 우리나라 여자 배구 국가대표팀에 이탈리아 국적의 스테파노 라바리니 감독이 선임되었다. 이와 동시에 코칭스태프 역시 대거 외국인으로 교체되었다. 외국인 코치진이 꾸려지고 난 뒤 첫 한일전을 치르는 날이었다. 한일전에 임할 때는 어느 종목을 막론하고 선수들의 각오가 남다를 수밖에 없다. 우리 여자 배구 대표팀 역시 여느 경기 때와는 달리 선수들 사이에 비장감이 감돌았다. 몸을 푸는 선수들의 자세와 눈빛이 평소와 다르다는 사실을 감지한 코치들이 고참 선수들에게 조심스럽게 물었다.

"혹시 어제 무슨 일이 있었나요? 분위기가 사뭇 다른데……."

우리는 한국과 일본 두 나라 사이의 특수성에 관해서 간략하게 설명해주었다. 다행히 그날 우리는 승리를 거두었다. 이후 경기가 잘 안 풀릴 때면 선수들의 사기를 끌어올리기 위해 외국인 코치진이 먼저 한일전을 치를 때처럼 싸워달라고 주문하고는 했다.

그렇다고 라이벌 관계인 한국과 일본의 대결이 항상 살벌하기만 한 것은 아니다.

우리나라의 빙속 여제 이상화가 2010 밴쿠버 동계 올림픽의 500미터 스피드 스케이트 종목에서 금메달을 땄을 때, 일본인 선수 고다이라 나오에게는 '이상화'라는 새로운 목표가 생겼다. 두 사람은 이후 세계 대회에서 여러 번 레이스를 펼쳤고, 그때마다 승자는 어김없이 이상화였다. 2014 소치 동계 올림픽에서도 이상화는 금메달을 목에 걸며 올림픽 2연패를 달성했다. 이때까지만 해도 고다이라에게 이상화는 도달하기 힘든 머나먼 존재였다. 이상화보다 세 살이 많은 고다이라는 2014년 당시 이미 스물아홉 살이었기 때문에 앞으로도 그녀가 이상화를 넘어서는 일은 일어나지 않을 것처럼 보였다.

하지만 2017 삿포로 동계 아시안게임에서 고다이라는 처음 이상화를 꺾고 금메달을 목에 걸었다. 강인한 의지로 강도 높은 훈련을 소화하며 조금씩 이상화와의 격차를 줄여 나갔던 고다이라 나오가 드디어 이상화를 넘어선 것이었다.

그리고 이듬해였던 2018 평창 동계 올림픽에서 두 사람은 다시 맞붙었다. 우리나라에서 열린 대회인 만큼 이상화의 올림픽 3연패를 바라는 국민의 기대가 컸다. 마지막 결승 레이스에서 서른 살의 이상화가 북유럽의 쟁쟁한 선수들을 제치고 1위로 올라서자, 올림픽 3연패의 신화가 눈앞에 보이는 듯했다. 하지만 이상화 다음이자 마지막 차례로 레이스를 펼친 고다이라 나오가 이상화보다 0.37초 앞서 골인 지점을 통과하자 온 국민의 금메달에 대한 기대는 아쉬움으로 바뀌었다. 더욱이 우리나라에서 열린 대회에서 일본인 선수에 의해 올림픽 3연패가 좌절된 부분도 크게 작용했을 것이다.

그런데 고다이라 나오가 골인 지점을 통과한 뒤 뜻밖의 장면이 펼쳐졌다. 이상화가 레이스를 마친 고다이라에게 다가갔고 두 사람은 격정에 휩싸인 채 서로를 껴안았다. 무슨 이유에서인지 이상화는 눈물을 펑펑 쏟아냈다. 그렇게 두 사람은 서로를 격려하고 축하하며 한참 동안 포옹을 풀지 않았다. 그리고 각각 태극기와 일장기를 펄럭이며 두 손을 맞잡은 채 경기장을 돌았다. 관객들의 박수가 끊이지 않았다.

인터뷰에서 고다이라 나오는 이렇게 말했다.

"이상화는 저의 우상입니다."

은퇴를 해도 이상하지 않을 서른세 살의 나이에 올림픽 금메달을 목에 걸기까지 고다이라 나오에게 이상화는 반드시 도달하고 넘어서야 할 뚜렷한 목표 지점이었다. 이상화와 고다이라는 십수 년 동안 치열한 경쟁을 펼치면서도 서로에게 적개심을 갖기보다는 동기를 부여해주는 훌륭한 파트너로 여겼고, 그래서 우정을 쌓을 수 있었다. 2018 평창 올림픽 이후에 만들어진 2018 평창 기념 재단은 한일 두 나라를 대표하여 각별한 우정을 보여준 이상화와 고다이라 나오를 위해 특별히 마련한 '한일 우정상'을 두 사람에게 공동 수여하기도 했다.

젊은 분들에게는 관심 밖의 영역이겠지만, 한때 바둑은 국민 스포츠라 불릴 만큼 큰 인기를 끌었다. 이처럼 바둑의 국민적 인기를 끌어낸 이가 바로 조훈현 9단이다. 조훈현은 국내의 타이틀을 휩쓸다시피 했을 뿐만 아니라, 당시 우리나라보다 바둑이 앞서 있던 중국과 일본을 대표하는 기사(棋士·바둑이나 장기를 전문적으로 두는 사람)들을 차례로 꺾어 한국의 위상을 높이면서 국민 영웅으로 떠올랐다.

1985년 조훈현은 열 살의 바둑 천재 이창호를 제자로 받아들인다. 조훈현은 이창호의 천재성을 부러워하면서도 두려워했다. 만약 조훈현이 영원한 1인자로 남고자 했다면 자라나는 싹을 자르는 방식으로 자신의 자리를 지키고자 했을 것이다. 하지만 그는 이창호를 자신의 집에 들여 함께 생활하면서 많은 것을 가르쳤다. 바둑계에서는 같은 집에서 동거하며 함께 먹고 자는 제자를 특별히 내제자라고 부른다.

조훈현의 두려움은 오래지 않아 현실이 되었다. 1990년 열다섯 살의 이창호가 자신의 스승인 조훈현을 꺾은 것이다. 오랜만에 패배를 맛본 조훈현의 충격은 컸다. 하지만 그것은 시작에 불과했다. 조훈현은 이창호에게 연이어 패배하면서 거의 모든 타이틀을 제자에게 빼앗겼다. 당시 1층에는 조훈현 내외가 살고 그 집의 2층에 이창호가 머물렀는데, 사제지간이면서도 최대의 라이벌인 두 사람이 한 집에 기거하는 풍경이 참으로 기묘했을 것 같다. 바둑이라는 것이 한 번 기세가 꺾이면 좀처럼 회복하기 힘든지 이후 조훈현은 과거 챔피언의 모습을 보이지 못했다.

하지만 조훈현은 연이은 패배의 충격에 오래 머무르지 않았다. 그에게 제자 이창호는 새로운 목표가 되었다. 한물갔다는 혹평 속에서도 조훈현은 그동안 자신이 쌓아온 기보(棋譜·바둑이나 장기를 둔 내용을 기록하는 일)를 뒤집고 새로운 시도를 거듭했다. 끝내 조훈현은 이창호라는 '떠오르는 태

양'을 극복하지는 못했지만, 바둑돌을 놓는 그 순간까지도 연구하고 공부하는 자세를 잃지 않고 매진하여 중요한 여러 승부에서 극적인 승리를 거두는 모습을 보이며 후학들의 귀감이 되었다.

반드시 이기고 싶고, 이겨야 할 대상이 있다는 사실이 때로는 큰 부담으로 다가오기도 하지만, 한편으로는 승리를 향한 열의를 불태우는 강력한 동기가 된다. 나는 국가대표로서 수많은 국제 대회에서 여러 나라의 선수들을 상대했지만, 네트 너머의 상대편 선수를 '적'이라고 생각한 적이 단 한 번도 없다. 일본을 상대할 때도 마찬가지였다. 그들은 나와 같은 길을 가고 있는 동업자이자 감동적인 승부를 함께 만들어가는 동료다. 그러한 동업자 정신이 있기에 경기를 할 때는 사력을 다하면서도 경기가 끝난 뒤에는 손을 맞잡으며 서로를 격려하고 응원할 수 있는 것이다.

선의의 경쟁에서 라이벌은 무너뜨리거나 무릎 꿇릴 대상이 아니라, 내가 도달하고 넘어서야 할 기준이 된다. 어떤 일을 해나가는 데 있어 목표가 되는 선망의 대상이 있다는 것은 일종의 축복이다. 좋은 라이벌 관계는 승패에 관계없이 모두를 승자로 만든다.

경쟁에 과도하게 몰입하고 오로지 남보다 앞서는 것을 지상 목표로 삼으면 알게 모르게 마음속에 적개심과 질투심이 쌓이고, 그러면 삶의 만족과 행복에서 점점 멀어지게 된다. 상대를 증오하면서 얻어낸 승리의 뒷맛은 그리 개운치 않다. 승부 자체가 스트레스로 다가오면 오히려 머리와 몸을 굳게 만들고, 승리를 쟁취하기 위해 부당한 수단에 편승하기도 한다.

올림픽을 비롯하여 중요한 세계 대회에서 챔피언의 영예를 차지했거나 뛰어난 활약을 한 운동선수들이 인터뷰를 하면서 빼놓지 않는 말이 있다.

"승패에 연연하지 않고 경기를 즐겼습니다."

승자의 다소 건방진 멘트 같지만, 그들의 말은 사실이다. '알기만 하는 사람은 좋아하는 사람만 못하고, 좋아하는 사람은 즐기는 사람보다 못하다.'라는 말이 있다. 훈련하고 준비하는 동안에는 최선을 다하고 경기에 임할 때는 그동안의 노력을 즐거움으로 승화시킬 때 운동선수는 몸과 마음이 자유로워지면서 자신이 가진 기량을 제대로 끌어올릴 수 있다. 다른 모든 일이 마찬가지다. 내가 하는 일에서 재미를 느끼고 즐겁게 일할 때 능률은 최대치가 된다.

삼십 년 가까이 배구 선수로 살았다. 그 숱한 승부의 현장에서 내가 무너뜨려야 할 단 한 명의 적은 바로 나 자신, 더 정확하게 말하면 '어제의 나'였다. 어릴 때부터 어제보다 조금이라도 더 나은 선수가 되기 위해 노력해왔고, 나이가 들어 신체 능력이 하향곡선을 그리고 있는 지금도 나는 여전히 어제보다 한 걸음이라도 더 나아가기 위해 최선을 다하고 있다.

비록 겉으로 드러나지 않을지라도, 누가 알아주지 않더라도 나는 나와의 경쟁에서 지지 않기 위해 매일 새롭게 각오를 다진다. 이 아름다운 경쟁에 당당하게 임하는 한 나는 언제나 승자로 남을 것이다.

과도한 경쟁은 우리 사회의 피로감을 누적시킨다.
뿐만 아니라 인간관계를 수직적으로 만들고 서열화하여
공동체의 화합을 무너뜨린다.
우리가 노력하는 목적은 이기려는 것이 아니라
어제보다 나아지려는 것이다.

5

작은 일에 정성을 다하는
사람에게는 매 순간이
새로운 의미로 다가온다

겉으로 드러나지 않는 헌신이 만들어내는
놀라운 성과에 대하여

자의든 타의든 현대인은 누구나 다양한 역할을 요구받고 있다.
내가 가장 잘할 수 있고 가장 원하는 자리에 이르기까지
먼 길을 돌아가며 성가시고 하기 싫은 역할을 해야 한다.
하지만 그 과정을 어떻게 보내느냐에 따라 삶은 크게 달라진다.
우리의 삶에서 버려지는 시간이란 없다.

직업정신
책임감
헌신

　대중에게 얼굴이 알려지고 유명세를 타면 아무래도 일상생활에서 불편한 일이 늘어날 수밖에 없다. 사람들의 시선 때문에 행동거지가 조심스러워지고, 언제 어떤 상황이 생길지 몰라서 혼자 다니기에도 마음이 쓰인다. 나 같은 경우에는 올림픽과 아시안게임에서 여자 배구 대표팀이 선전했을 때 특히 대중의 관심이 커져서 여기저기 방송에 나가는 일이 잦아지고, 그러다 보니 길에서 사인을 해달라거나 같이 사진을 찍자는 요청이 많아진다.

　그래도 나는 다른 유명인들과는 달리 비교적 자유롭게 행동하는 편이다. 집 근처의 마트나 편의점에도 편하게 가고, 여행할 때도 사람이 몰리는 곳을 굳이 피하지 않는다. 급하게 이동하거나 지인들과 개인 일정을 소화할 때는 정중하게 사진은 죄송하다고 하고 싸인만 해드리는 경우도 있다. 특히 음주 후는 더욱 조심한다. 그렇지 않을 경우는 사인을 해달라고 하면 사인해드리고, 같이 사진을 찍자고 하면 무릎을 굽히고 얼짱 각도에 브이를 날리면서 포즈를 취한다. 공공장소에서 누가 신경에 거슬리는 말을 해도 쿨하게 넘기거나 상대편이 기분 나쁘지 않을 정도로 장난스럽게 받아치고는 한다. 집 주변에 볼일이 있어서 나갈 때는 그다지 꾸미지 않고 편안한 옷차림으로 돌아다닌다.

오래전 휴가지에서 한 편의점에 간 적이 있었는데 직원은 사람이 왔는데도 보지도 않고 별 반응 없이 무심히 자리를 지키고 있었다. 계산을 한 뒤에 내 쪽에서 먼저 "수고하세요."라고 인사를 건네도 직원은 묵묵부답이었다. 매장을 나오면서 열정이 없어 보이는 그의 태도가 생각이 났다. 어떤 사람에게는 편의점 일이 생계를 위한 중요한 일일 수 있겠지만 보통 청년 세대에게는 직장을 구하기 전에 잠깐 적을 두는 아르바이트일 가능성이 높다. 그러니 긴 인생에서 아주 잠시 스쳐 지나가는, 시간이 지난 뒤에 기억도 나지 않을 사소한 인연이거나 일일지도 모른다. 하지만 무슨 일이든 책임에는 크고 작음이 없고 무거움과 가벼움이 따로 없다. 어떤 일이든 자기가 책임지고 하는 일이 있다면, 최소한 그 시간만큼은 자신이 그 자리의 주인이다. 맡은 역할이 크지 않더라도, 그 시간을 진심으로 대할 때 일의 의미도 달라진다. 결국 일의 가치는 일의 종류가 아니라, 그 일을 대하는 사람의 태도에서 생겨난다고 나는 믿는다.

과거에는 평생직장 개념이 강해서 한 번 들어간 회사에 줄곧 다니다가 정년퇴직을 하는 것이 일반적인 일이었다. 첫 직장이 마지막 직장일 가능성이 컸고, 한 회사에서의 근속 기간이 못해도 30년이 넘었다. 이렇게 성실하게 회사에 다니다가 정년퇴직을 할 무렵에는 내 이름으로 된 집 한 채를 마련할 수 있었고, 자식들도 제 앞가림을 할 만큼 장성해 있었다. 아들딸 시집보내고 장가들이고 나면 이제는 자식으로부터 부양받을 일만 남아 있었다.

하지만 평생직장 개념은 1990년대 들어 점점 희미해지더니, 1997~98년의 IMF 사태를 기점으로 아예 사라졌다. 근로자에 대한 고용과 해고가 유연해지면서 정규직보다 비정

자신의 진가를 보여줄 수 없는 사소한 일에
정성을 다하지 않는 사람은
다른 중요한 일에도 소극적일 것이라는
인상을 심어줄 뿐이다.

규직이 늘어나고 직장인이 파리 목숨이 된 것은 비단 우리 나라만의 상황은 아니다. 미국에서는 이메일 한 통으로 너무나도 쉽게 해고 통보를 날린다고 하니, 직장인들이 언제 어떻게 될지 모르는 불안함 속에서 생활할 수밖에 없을 것 같다. 전 세계적으로 한 직장에서 정년을 맞이하는 일이 이제는 요원한 일이 되어버린 것이다.

더군다나 요즘 젊은 세대는 굳이 한 직장에서 오래 근무할 생각이 그다지 없어 보인다. 언제든 더 나은 조건을 제시하는 곳으로 옮기는 것은 당연한 일이고, 심지어 일정한 돈이 모이면 회사 그만두고 여행 다닐 계획을 세워놓은 사람도 많다. 얼마 전까지만 해도 각박한 도시에서의 안정적인 직장생활을 포기한 채 배낭 하나 메고 세계를 돌아다니는 사람들이 멋있어 보이고 부러웠는데, 요즘엔 워낙 그런 사람이 많으니까 그저 그게 유행인가 싶다. 아마도 쇼츠와 유튜브, 인스타그램 등의 SNS를 비롯하여 각종 재테크 수단 등 제2, 제3의 인생을 꾸릴 선택지가 많아 보이는 것도 요즘 젊은 세대가 한 직장에 얽매이지 않는 주요한 이유일 것이다.

사실상 직장이 정년을 보장해주지 않을 뿐만 아니라 한 직장에서 착실하고 꾸준히 일하며 평생 저축해보아야 집 한 채 갖기 버거운 것이 지금의 현실이다. 때문에 젊은 세대가 직장과 직업에 충실하기보다는 코인이나 주식, 부동산 등에 마음을 쓰는 일을 두고 무조건 나무랄 수도 없다.

아무튼 오늘날에는 누구나 자의든 타의든 다양한 조직과 현장에서 여러 가지 역할을 수행하는 것이 자연스러운 일이 되었다. 선망하는 직장에 들어가기 전에 용돈벌이라도 하거나, 다니던 회사를 그만둔 뒤 다음 직장에 자리가 날 때까지 생활고를 해결하기 위해 단기 알바를 할 수도 있다. 이도 저도 아니면 집에서 밥이나 축내는 것이 눈치 보여서 어쩔 수 없이 나선 이도 있을 것이다.

위와 같은 상황에서 하는 일이란 대체로 나의 전공 또는 전문성과 직무 관련성이 없는 일이거나 이력서에 기재할 만한 성격의 일이 아닐 가능성이 크다. 경력에 그다지 도움이 안 된다는 뜻이다. 그래서 아르바이트를 하는 동안에는 설렁설렁해도 된다는 생각을 가질지도 모른다. 아니면 앞서 언급한 그 편의점 아르바이트생처럼 자신이 지금 당장 하고 있는 일보다 더 막중한 일을 할 사람이라는 점을 드러내기 위해 일부러 최선을 다하지 않거나 잠깐 필요에 의해 하는 일을 열심히 하는 것은 그다지 모양새가 좋지 않다고 여길지도 모른다.

어떤 사람을 제대로 알기 위해서는 함께 여행을 해보라는 말이 있다. 이 말은 거의 진실에 가깝다. 같이 여행을 하면 평소에는 볼 수 없었던 그 사람의 진면목을 발견할 수 있기 때문이다.

여럿이 함께 여행하다 보면 미리 그렇게 정해놓지 않아도 자연스럽게 각자에게 어떤 역할이 주어지게 된다. 여행하는 동안의 리더가 생겨나고, 리더를 보필하는 살림꾼(대체로 이런 사람을 '총무'라고 부른다)이 나타난다. 몸이 빠릿빠릿해서 남보다 조금 앞서 움직이며 맛집이나 명승지를 검색해서 알아보는 멤버가 있고, 장을 보거나 입장권을 살 때 솔선수범하는 이가 있으며, 숙소에서 자고 일어난 아침에 동료들을 깨우고 주변을 정리하는 일에 앞장서는 친구도 있다. 별다른 재주와 열정이 없으면 이동할 때 운전이라도 한다.

그런데 여행에는 꼭 이런 친구도 하나쯤 끼게 된다. 말 그대로 free rider. 하는 것 없이 혜택만 누리려는 부류다. 아주 대놓고 '무임승차'를 하는 건 아니고, 나름 무언가를 하는 것 같기는 한데 별 도움이 안 된다. 시간이 조금 지나면 몸 안 쓰려고 머리 굴리는 게 빤히 보이는데도 정작 그 친구는 그걸 모른다. 그래서 더 얄밉다. 그런 친구와는 여행 이후에 관계가 불편해질 수밖에 없다.

배구를 시작하고 중학교에 진학한 뒤로 줄곧 단체 생활을 했다. 고등학교 때는 물론이고 프로 리그에 진출하여 사회인으로서 새로운 출발을 했을 때도 기숙사에서 생활했다. 원정 경기를 떠날 때는 지정된 숙소에서만 지내야 했다. 다 큰 성인이 일거수일투족을 통제 당한다는 사실이 그리 달가운 일일 수는 없다.

그렇다고 단점만 있는 것은 아니다. 학교와 구단에서 먹여주고 재워주며 스케줄을 관리해주기 때문에 선수는 운동에만 전념하면 된다. 게다가 훈련장과 경기장, 숙소만 쳇바퀴 돌듯 하기 때문에 돈 쓸 기회가 거의 없어서 마음만 먹으면 연봉을 고스란히 저축할 수도 있다. 또 한 가지 장점은 팀 동료들과 보다 끈끈해지고 한 사람 한 사람의 성향에 대해서 깊이 알 수 있다는 것이다. 함께 여행하는 것만으로도 어떤 사람에 대해서 알 수 있는데, 하물며 같이 생활한다면 말해 무엇 하겠는가.

　우리나라는 전통적으로 선배와 후배, 고참과 신참 사이의 위계질서를 중요시하기 때문에 어떤 조직에서나 서열과 계급이 존재하기 마련이다. 더군다나 단체 구기 종목의 팀은 유기적인 팀워크가 성적을 좌우하기 때문에 훈련할 때는 물론 일상생활에서도 상명하복 문화가 강한 편이다. 선배가 집합이라도 할라치면 후배들은 빠짝 긴장하지 않을 수 없다.

　때때로 예민해진 선배 때문에 마음이 상하거나 몸이 고달픈 경우도 더러 있었지만, 그래도 학교에 다니던 시절을 돌이켜보면 힘겨운 때보다는 즐거운 때가 훨씬 더 많았다. 운동부원도 학생이기 때문에 그 나이 또래의 아이들이 그랬던 것처럼 학창 시절의 소소한 재미와 낭만을 향유했다. 후배들 앞에서 권위를 세우느라 선배들은 근엄한 표정을 짓고 엄하게 행동했지만, 그래도 배구 기술을 알려주고 여럿이 함께 생활할 때 어떻게 행동해야 하는지 가르쳐주며 경기에 임할 때 마음가짐이 어떠해야 하는지 새겨준 이들이 그들이었고, 개인적으로 대할 때는 친언니 못지않게 다정했다.

　나는 전형적인 투덜이 스타일이다. 결국에는 시키는 대로 다 하면서도 일단 입을 삐죽거리고 보는 게 오랜 습관이다.

학교에 다닐 때도 그랬고 프로 구단에 입단해서도 마찬가지였다. 선배들이 무얼 시키면 왜 그래야 하는지 투덜거리면서 따지는 일이 많았다. 그런데도 선배들에게 미움을 사거나 괴롭힘을 당한 적은 없었다. 오히려 일반 회사에서 그렇게 행동했다면 크게 불이익을 겪거나 왕따를 당했을 것이다.

이런 말이 있다. 어느 조직과 모임에든 분위기를 망치는 멤버가 꼭 한 명은 있기 마련이라고. 만약 그런 사람이 눈에 띄지 않는다면 내가 그런 사람이라고. 소속 구단에서나 국가대표로 소집되어 선수촌에서 생활할 때도 이기적인 멤버 때문에 불편한 상황이 발생하고는 했지만, 그런 일은 어느 조직에서나 일어날 수 있기 때문에 크게 문제가 되지는 않았다. 결론을 말하면 여성 운동선수들이 모여 있다고 해서 여느 사회 조직보다 생활하기가 힘겹거나 고통스럽지는 않았다.

오랜 시간 단체 생활을 하면서 깨달은 것이 있다. 일상생활에서의 행동과 습관, 마음가짐이 경기장에서의 플레이와 연결된다는 사실이다.

여럿이 함께 플레이를 펼치는 단체 구기 종목에서는 활약이 두드러져 보이고 점수를 올리는 선수가 주목을 받기 마련이며, 그런 선수에게 스포트라이트가 집중된다. 하지만 경기는 결코 스타플레이어 몇 사람에 의해 좌우되지 않는다. 경기가 끝난 뒤에 찬찬히 되돌아보면 승패를 결정짓는 중요한 순간에는 눈에 잘 띄지 않는 결정적 플레이가 있었음을 알게 된다. 공격수가 마지막에 상대편 코트에 내리꽂는 스파이크는 그 결정적 플레이를 출발점으로 시작된 모든 과정의 결과일 뿐이다.

접전이 펼쳐져서 경기가 길어지면 4세트 후반부터 선수들은 너나없이 지치기 마련이다. 이때부터 스포츠는 정신력 싸움이라는 말을 실감하게 된다. 평소에 갈고 닦은 기량도 중요하지만, 체력이 소진된 상태에서 그 기량을 발휘하기 위해서는 승리를 향한 강한 의지가 동반되어야 한다.

그리고 무엇보다도 동료의 빈자리를 메워주는 커버 플레이(cover play)가 이루어져야만 실점을 최소화하고 공격의 발판을 마련할 수 있다. 하지만 경기 후반부에 이르러 체력이 바닥나면 저 한 사람 몫을 해내기에도 벅차기 때문에 우리 편 코트의 빈자리와 동료의 공백이 눈에 잘 들어오지 않는다. 그런데 그런 상황에서도 부지런히 움직이며 커버 플레이에 충실한 선수가 있다. 몸이 천근만근 무거운데도 공중으로 솟아올라 상대편의 공격을 차단하고 우리 편 코트의 빈자리를 먼저 찾아들어가 수비를 해내는 선수들의 플레이가 경기를 뒤집는 도화선이 된다. 승리는 바로 그런 선수들의 눈에 보이지 않는 헌신이 만든 결과물이다.

　모두가 힘들어할 때 한 발이라도 더 움직이는 선수들에게는 공통된 특징이 한 가지 있다. 평소 단체 생활을 할 때도 타인에 대한 배려심이 깊고 항상 솔선수범한다는 점이다. 그들은 타인이 알아주지 않는 작은 것들을 챙기는 행위가 몸에 배어 있다. 작은 일에 정성을 기울이는 것이 습관이 된 것이다. 그들의 친절과 배려는 너무나 자연스러워서 혜택을 입는 사람이 좀처럼 알아차리지 못할 정도다.

　다행히 현대 스포츠 과학은 과거에는 겉으로 잘 드러나지 않던 세부 지표까지 수치화하는 시스템을 갖추고 있다. 그런 세부적인 사항까지 팬들이 파악할 수 없다 하더라도 구단의 프런트와 코칭스태프는 세부 지표를 바탕으로 눈에 띄지 않게 기여하는 선수들을 재평가하고 그들의 활약상을 몸값에 반영할 수 있게 되었다. 화려한 퍼포먼스를 보여주지 않는데도 오랫동안 경기에 나서는 선수들에게는 다 이유가 있는 것이다.

하지만 그러한 세부 평가 사항에 기대지 않더라도 경기를 뛰는 선수들이 제일 잘 안다. 어떤 선수의 어떤 플레이가 승리에 기여했는지 말이다. 경기가 어려운 상황에서도 누군가 나의 뒤를 받쳐줄 것이라는 믿음이 있기에 공격수는 자신에게 토스되어 올라올 공을 기다리며 위치와 자세를 잡고, 세터는 상대의 공격을 받아낼 수비수를 믿기에 네트로 바짝 다가가 자신에게 전달될 공을 기다린다. 블로커는 자신의 손을 맞고 튕겨나갈 공을 건져 올릴 동료가 있음을 알기에 과감하게 상대 선수의 공격을 막아설 수 있다. 그러한 신뢰와 헌신이 있기에 선수들은 승패를 초월하는 감동적인 장면을 연출할 수 있는 것이다.

작은 일에 최선을 다하지 않는 사람이 큰일을 제대로 해낼 수 있을까? 나는 그렇게 생각할 수 없다. 크고 위대한 일이란 작고 소소한 수십 가지 일들이 화학적·물리적으로 결합하고 조화를 이루어 나타나는 결과물이다. 그렇기에 작은 일에 정성을 기울이고 미비해 보이는 역할에 충실할 줄 알아야 큰일에 이를 수 있고 위대한 성과를 만들어낼 수 있다고 생각한다.

앞서 이야기했듯, 오늘날의 삶은 우리에게 다양한 자리에서 여러 가지 역할을 할 것을 요구한다. 평생직장 개념이 사라졌기에 때때로 나의 전문성에서 벗어난 일을 해야 할 때가 있고, 마음에 들지 않는 위치에 서 있어야 할 때도 있다. 내가 진짜 하고 싶은 일, 내가 가장 잘할 수 있는 일을 할 수 있는 내게 딱 맞는 자리를 찾기까지 이곳저곳을 돌아가야 할지도 모른다. 그렇다면 내가 있어야 할 자리에 이르기까지의 여정은 무의미한 것일까?

그렇지 않다. 사람이 가진 장기(長技)와 전문성은 그 주변의 여러 가지 경험과 지식이 융합되었을 때 더욱 빛을 발한다고 생각한다.

삶의 매 순간은 나름의 의미를 지닌다. 나쁜 경험과 기억조차도 어떻게 받아들이느냐에 따라 교훈으로 작용할 수 있으며 거기에서 어떤 가르침을 얻을 수도 있다. 하지만 작은 일이라고 해서 진심을 다하지 않는다면 그 시간은 그야말로 무의미한 시간으로 소모되고 만다. 아무리 하찮아 보이는 일이라도 정성을 기울이면 거기에서 배움과 깨달음을 얻을 수 있다. 그렇게 축적된 경험과 깨우침은 어느 누구도 빼앗아갈 수 없는 나만의 자산으로 쌓여서 언젠가 내가 가진 전문성을 발휘할 때 날개와 엔진이 되어 속도를 높이고 성과를 키우는 가장 중요한 동력이 될 것이다.

지금 당신이 머물러 있는 그 시간을 소중하게 여겨라. 어딘가로 향하고 있다면, 지금 당신이 있는 그 시간과 자리는 목표 지점으로 데려다주는 징검다리이자 갖가지 시행착오와 단련을 통해 당신을 성장시키는 수련의 장이다. 작은 일에 정성을 다하는 사람은 인생의 거의 모든 시간이 충만한 의미로 채워지는 법이다.

위대한 일이란

우리가 정성을 다한 작은 일들이 결합된 결과물이다.

어떤 위치에 있든,

어떤 일에 임하든 최선을 다하는 사람은

어느 누구도 빼앗을 수 없는

자기만의 자산을 쌓아가는 중이다.

CHAPTER 2

가장 힘들었던 시기에
나는 가장 많이 성장했다

6

오늘 나에게 주어진
일을 하면 된다

모소 대나무가 보여준 기다림의 미학

오늘 내가 바친 노력과 열정이 곧바로 성과로 나타난다면,
어느 누구도 멈추거나 포기하지 않을 것이다.
하지만 대부분의 사람이 아무리 노력을 기울여도
좀처럼 실력이 늘지 않거나 성장이 더딘 시간과 마주하게 된다.
노력이 성과로 이어지지 않는 이 정체의 시간에
우리는 어떻게 해야 할까?
그래도 계속 나아가는 것이다. 그러면 결국에는 알게 된다.
아무런 일도 일어나지 않은 것처럼 보인 그 시간에
사실은 수많은 것이 나의 몸과 마음에 쌓여가고 있었다는 사실을.

routine

모소 대나무

기다림

초등학교 4학년 때 배구를 시작한 이후 고등학교 1학년 때까지 나의 가장 큰 고민은 키가 작다는 사실이었다. 또래 아이들에 비해 작은 편은 아니었지만, 배구 선수로서는 단신에 속했다. 같은 팀(흥국생명 핑크스파이더스)에서 뛴 김수지와는 초·중·고를 같이 다녔는데, 어릴 때 둘이서 찍은 사진을 보면 나이 차이가 제법 나는 큰언니와 막내처럼 보인다. 수지가 큰언니고, 내가 막내다.

배구와 농구처럼 높이를 선점해야 하는 스포츠에서는 장신 선수가 유리할 수밖에 없다. 물론 '농구 황제'라고 불린 마이클 조던(198센티미터)이 NBA(미국 남자 프로 농구 리그)에서 가장 키가 큰 선수는 아니었다. 한때 최고의 NBA 선수로 평가받은 스테판 커리도 188센티미터로, NBA 선수 평균 신장인 198센티미터에 10센티미터나 모자라다. 한국 여자 배구 선수 중에도 평균 언저리의 신장에도 불구하고 타점이 높은 공격수가 꽤 있다. 키가 작은 대신 특유의 민첩함을 갖춘 선수들은 리베로로, 경기에 관한 이해도가 높은 선수는 세터로 역할하면서 승리에 기여한다. 배구와 농구에서 신장이 크다는 점이 유리하기는 하지만 키가 작거나 평균인 선수도 각자의 운동 능력과 노력으로 얼마든지 단점을 극복할 수 있고 자기만의 스타일로 독보적인 존재가 될 수 있다. 그러면 중학교 때의 단신 배구 선수 김연경은 어땠을까?

키가 작은 것만이 아니라 신체 비율이 맞지 않는 것도 문제였다. 키는 크지 않은데 팔다리가 유난히 길어서 재빠르게 반응하기가 힘들었다. 하느님이 나를 만드실 때 실수를 해서 작은 몸통에 사이즈가 맞지 않는 팔과 다리를 잘못 조립한 게 아닐까 하는 생각이 들 정도였다. 팀 버튼 감독의 애니메이션 영화 〈유령 신부〉와 〈크리스마스 악몽〉에 등장하는 인물들을 떠올리면 얼추 비슷했다.

신체 비율이 맞지 않은 상황에서 운동을 하다 보니, 러닝 같은 기초 체력 훈련을 할 때나 근력 훈련을 하고 배구 기술을 익힐 때 어려움이 컸다. 걷거나 뛸 때 흐느적거리는 건 물론이고 공이 날아오는 방향으로 민첩하게 움직여야 할 때 몸이 따라주지 않아서 답답하기 이를 데가 없었다. 특히 상대편에서 넘어온 서브를 리시브하거나 스파이크를 받아내기 위해 달려 나갈 때가 그랬다. 앞으로 내달린 내 속도를 제어하지 못하고 중앙의 네트에 처박히는 일이 허다했다. 그럴 때마다 그물에 걸린 물고기처럼 파닥거리는 나를 보며 아이들은 웃음을 터뜨렸고, 코치 선생님은 혀를 끌끌 찼다.

어른들은 내가 아직 성장기에 있어서 그런 거라고, 시간이 해결해줄 거라고 용기를 북돋워주었지만, 키가 자라지 않고 운동 실력도 늘지 않는 정체기를 겪으면서 나는 걱정이 많았다. 특히 졸업반을 앞둔 중학교 2학년 때 고민이 커서 앞으로의 진로에 대해 심각하게 걱정하기 시작했다. 초등학교 4학년 때부터 시작한 운동선수 생활이 어느덧 5년째에 접어들어 있었다. 다시 공부를 시작하기에는 늦은 듯했다. 책만 펼치면 졸음이 쏟아져서 공부가 적성에 맞지도 않았다. 어떻게든 운동으로 밀고 나가야겠는데, 배구 선수로는 도무지 전망이 안 보여서 종목을 바꿔볼까 심각하게 고민했다.

그때 생각한 것이 축구였다. 축구가 매력적이기도 했고,

배구에서 축구로 종목을 옮긴 선배가 선수 생활을 잘하고 있었던 데다, 때마침 축구를 해보지 않겠느냐는 스카우트 제의가 들어오기도 했다. 몸의 밸런스가 맞지 않아서 그렇지 운동 신경은 꽤 좋은 편이어서 축구를 할 때도 제법 괜찮게 했다. 그래서 살짝 축구로 마음이 기울었던 적이 있다.

하지만 고민은 오래가지 않았다. 배구가 좋아서 운동을 시작한 나였다. 배구를 하겠다고 했을 때 부모님은 아무리 힘든 일이 있어도 쉽게 포기하지 말라고 말씀하시며 새끼손가락을 내밀었고, 나는 당차게 내 새끼손가락을 걸었다. 그것은 부모님과의 약속이었지만, 어떤 일을 겪더라도 포기하지 않겠다는 나와의 약속이기도 했다. 그 약속을 저버릴 수 없었다.

마음을 고쳐먹었지만 고민과 걱정이 사라진 건 아니었다. 배구 선수로서 기량을 발휘해야 주목을 받고 고등학교에 진학할 수 있는데, 중학교 3학년 때까지도 나는 벤치를 지키는 신세였다. 키가 크지 않고 제대로 경기력을 보여주지도 못한 나를 눈여겨볼 사람은 아무도 없었다.

몇 년 전 인터넷에서 이것저것 찾아보다가 우연히 '모소 대나무'라는 이름의 대나무에 대해서 알게 되었다. 모소 대나무에 관한 글이 인터넷에 제법 올라와 있고, 책에서 인용한 사례도 적지 않았다. 내용은 다음과 같다.
 모소 대나무는 중국 쓰촨성의 특산종이다. 이 대나무가 사람들의 입에 오르내리는 이유는 특이한 생장 주기 때문이다. 쓰촨성의 농부들이 보기 좋으라고 모소 대나무를 심는 것은 아니다. 죽세공품의 재료를 얻고 죽순과 같은 약재와 식재료에 쓸 요량으로 드넓은 밭에 씨를 뿌린다. 수익을 얻기 위해 쌀과 보리를 심는 것처럼 모소 대나무 역시 일종의 농작물인 셈이다.
 그런데 이 모소 대나무라는 녀석은 파종한 첫해에 땅 위로 조그만 새순을 삐죽 내밀고는 좀처럼 자라지 않는다. 한두 달 그러고 있는 게 아니라 한 해가 가고 두 해가 가고 세 해가 지나도록 그 상태다. 농작물이 자라야 얼른 수확해서 수익을 얻을 텐데, 자리만 차지하고 있으니 농부 입장에서는 천덕꾸러기가 따로 없다. 그런데도 쓰촨성의 농부들은 아무런 움직임을 보이지 않는 모소 대나무의 새순에 정성스럽게 물을 주고, 겨울에 얼어 죽지 않도록 짚으로 덮어준다. 왜냐하면 파종 5년째에 이르러 모소 대나무가 보일 놀라운 변화를 알고 있기 때문이다.

5년째에 무슨 일이 일어날까? 그동안 농땡이 부린 걸 만회하려는 듯 모소 대나무는 5년째에 이르러 폭풍 성장을 시작한다. 하루에 30센티미터 이상 자라서 6주 만에 키가 15~20미터에 이른다. 그럼 모소 대나무는 새순만 삐쭉 내밀고 있는 4년 동안 무얼 한 걸까? 지금 당장은 자신을 심어준 농부와 세상에 드러내 보일 것이 아무것도 없지만, 언젠가 깜짝 놀랄 만큼 빠르게 성장할 날을 기다리면서 땅 속 깊이 뿌리를 내리고 자신의 몸에 차곡차곡 양분을 쌓는다. 그리고 그 희망 찬 기다림이 5년째에 이르러 드디어 결실을 맺는 것이다.

모소 대나무 이야기를 접하면서 나도 모르게 후보 신세를 면치 못했던 중학생 시절이 떠올랐다. 그때 그 어린 배구 선수는 앞날이 불확실한 상황에서 무엇을 했을까?

프로 선수를 비롯한 성인 배구팀에서는 선수의 포지션이 고정되어 있다. 초등학교와 중학교 배구팀에서도 마찬가지로 선수의 포지션이 고정되어 있다. 학생 배구팀의 코치 선생님들은 대체로 키가 큰 친구들에게는 공격 비중이 높은 역할을 맡기고, 키가 작은 아이들에게는 리베로와 세터처럼 공격보다는 수비 비중이 높은 역할을 맡긴다. 하지만 청소년 선수는 앞으로 키가 얼마나 자랄지, 어떤 영역에서 강점을 발휘할지 아직 미지수이기 때문에 1학년 때 수비에 치중하다가 2학년이 되어 공격수로 변신하기도 한다.

　키가 작은 나는 초등학교 내내 세터를 맡았다. 중학교에 진학해서도 세터 포지션을 맡으면서 토스 훈련도 했지만 수비와 리시브 훈련에 치중했다. 하지만 사실 나는 공격수를 꿈꾸었다. 신체 조건이 맞지 않아 당장은 수비수 역할을 하고 있지만, 나는 네트 너머로 강 스파이크를 때리는 내 모습을 상상하는 게 기분 좋았고, 그때마다 가슴이 두근거렸다. 외향적이고 진취적인 성격에도 공격수가 어울렸다. 하지만 그것은 어디까지나 바람일 뿐이었다.

나는 가뭄에 콩 나듯이 찾아오는 단 한 번의 기회에 최상의 기량을 선보이기 위해 다른 아이들보다 더 열심히 훈련했고, 공격수를 향한 꿈이 이루어질지도 모를 그날을 위해 정식 훈련이 끝난 뒤에는 혼자 체육관에 남아 방과 후 보충 수업을 하듯 스파이크 훈련을 했다. 그러나 경기에 나설 때마다 몸이 마음대로 따라주지 않아서 스스로 실망할 때가 많았고, 코치 선생님께 눈도장을 찍는 일도 매번 실패했기 때문에 경기가 끝난 뒤에는 다시 출전을 기약할 수 없는 후보 선수로 돌아가야 했다. 최고 학년인 3학년이 되어서도 벤치를 지키는 일이 많았다.

중학교 내내 배구 선수로서 특별한 모습을 보여주지 못했지만 나는 다행히 고등학교에서도 선수 생활을 계속할 수 있었다. 하지만 기량이 만개한 2~3학년 선배들과 유망주로 선발된 1학년 동기들 사이에서 나는 여전히 후보 신세를 면할 길이 없을 것만 같았다. 그럼에도 나는 초등학교 4학년 때부터 이어온 나만의 루틴을 고등학교에 진학해서도 포기하지 않았다. 다른 아이들보다 더 열심히 훈련에 임하고, 훈련을 마친 뒤에는 반드시 '보충 수업'을 했다. 오랜 훈련 습관이 몸에 배었기 때문이기도 했고, 당장 내가 할 수 있는 일이 그것밖에 없어서이기도 했다.

고등학교에 진학했을 때 내 키는 170센티미터를 살짝 넘었다. 당시 고등학교 1학년 여자 배구 선수의 평균 신장이 어땠는지는 알 수 없지만, 아무튼 평균에 못 미쳤다. 그런데 고등학교 1학년 후반부터 신체에 급격한 변화가 찾아왔다. 하루가 다르게 키가 쑥쑥 자라기 시작한 것이다. 어느 정도였냐면, 꼭 맞던 바지의 기장이 일주일 새에 짧아졌고, 전날 만난 친구가 하루 사이에 더 자란 것 같다고 말할 지경이었다. 거울 앞에 서면 키가 자라는 게 눈에 보이는 것만 같았다.

단신에 속했던 배구 선수에게 키가 자란다는 것은 매우 반가운 일이다. 더욱 반가운 일은 비로소 신체 밸런스가 맞게 되었다는 점이었다. 몸통에 비해 유난히 길어서 거추장스럽고 부자연스럽던 팔다리를 자유자재로 움직일 수 있게 된 것이다. 그에 따라 나의 운동 능력은 하루가 다르게 향상되었다. 결과적으로 내가 고등학교를 졸업할 무렵 신장이 187센티미터였으니, 약 2년 사이에 무려 20센티미터가 자란 것이었다(참고로 지금 내 키는 192센티미터다).

처음 배구를 배울 때는 모든 포지션 훈련을 두루 받았다. 하지만 신장이 크지 않았던 탓에 자연스럽게 수비 쪽 비중이 더 커졌다. 나보다 공격을 잘하는 친구들이 많았기 때문이다. 고등학교에 진학하면서도 공식적으로는 공격수 포지션을 맡았지만, 실제로는 수비에 더 비중이 많았다. 공격이 기대만큼 좋지 않아 경기에 자주 나서지 못했고, 주로 다른 선수가 후위로 빠졌을 때 교체로 들어가 수비를 담당했다. 그러다 점점 키가 크고 공격력이 향상되면서 상황이 달라졌다. 어느 순간부터는 팀의 주전으로 코트에 서게 되었고, 그때부터 본격적으로 공격수로서의 길이 열렸다.

초등학교 4학년 때부터 7년 동안 보충 수업을 통해 쌓아온 나의 공격 본능이 빛을 발하기까지는 오랜 시간을 필요로 하지 않았다. 과장 조금 보태서 정말로 훨훨 날아다녔다. 동기인 김수지, 1년 선배인 황연주와 함께 팀을 이끌며 고등학교 여자 배구 무대를 평정했다. 그러자 놀라운 일이 찾아왔다. 2학년이었던 2004년, U-19 아시아 선수권 대회의 청소년 국가대표로 발탁된 것이다. 그때 대회에서 나는 득점 1위를 차지했다. 불과 2년 전만 해도 고등학교에서 선수 생활을 이어갈 수 있을지 걱정하던 선수가 아시아 최고의 청소년 배구 선수로 거듭난 것이다.

　모소 대나무는 4년 동안 묵묵히 아래로 뿌리를 뻗으며 언젠가 하늘을 향해 폭발적으로 뻗어나갈 날을 기다린다. 중학교 내내 후보 선수였던 내가 주전 공격수로 거듭나기까지 4년의 시간이 필요했다. 기다림에 관한 한 나는 모소 대나무에 뒤지지 않는다.

　누구나 정체된 시간을 겪는다. 어릴 때 공부를 곧잘 해서 영재 소리를 듣던 아이가 학년이 올라갈수록 성적이 원하는 대로 나오지 않을 수 있고, 악기를 다룰 때 어느 단계를 넘어서지 못해 좀처럼 실력이 늘지 않기도 하며, 이미 성공한 운동선수도 갑자기 평소의 기량을 발휘하지 못하고 슬럼프를 겪는다. 학생 신분일 때는 능력자로 평가받다가 사회에 진출한 뒤 고만고만한 직장인에 머무르는가 하면, 회사에서 뛰어난 성과를 올려 승승장구하다가 어느 때부터는 성과 그래프가 완만해져서 조급함을 느끼기도 한다. 이럴 때 우리

목적지에 도달한 사람과
그렇지 못한 사람의 차이는 분명하다.
계속 앞으로 나아간 사람은 결국 목적한 바를 이루고,
도중에 멈추거나 포기한 사람은 원하는 것을 얻지 못한다.
묵묵히 자신의 길을 가라.
아무런 일도 일어나지 않는 것처럼 보이는 그 시간이
사실은 무언가를 해내는 시간이었음을 알게 될 것이다.

는 어떻게 해야 할까?

그동안 꾸준히 해온 것을 계속하면 된다. 똑같은 생각과 행위를 무의미하게 반복하라는 뜻이 아니다. 어제까지 1미터를 나갔으면, 오늘은 거기서 0.1센티미터라도 더 나아가는 것이다. 그 1밀리미터가 더해져 나중에 1센티미터가 되고 1미터가 된다. 어떤 날에는, 또는 한동안 한 치의 진전도 없이 그 자리에 머물러 있을 때도 있다. 그래도 괜찮다. 앞서 힘주어 이야기했듯, 노력하는 사람에게 마이너스 시간이란 애초에 존재하지 않는다. 겉으로 아무것도 드러나지 않아도, 내가 느끼기에 조금도 발전하지 않은 것처럼 느껴져도 사실은 노력의 성과들이 차곡차곡 내 안에 쌓여가는 중이다.

딱히 공부를 해보지 않아서(현재는 대학교에 재학중이다) 머리 쓰는 일은 어떤지 잘 모르지만, 몸으로 무언가를 익히는 사람은 공통적으로 경험하는 일이 있다. 발전 단계가 5 다음에 6, 6 다음에 7, 7 다음에 8처럼 순차적으로 이루어지는 것이 아니라, 어느 때에 이르러 한참 동안 5에 머물러 있다가 6~9의 단계를 건너뛰고 갑자기 10단계에 이르는 것이다. 그때가 되면 알게 된다. 아무런 일도 일어나지 않은 것처럼 느껴진 그 5의 단계에 사실은 6~9의 시간이 숨겨져 있었고 그 정체된 시간이 10단계에 이르게 만든 토양이었음을, 사실은 그 시간에 아무런 일도 일어나지 않은 것이 아니라 겉으로 드러나지 않았던 것뿐이었음을. 만약 지금 내가 정체의 시간을 겪고 있다면 이렇게 생각하자. 앞으로 폭발적으로 성장할 순간이 임박했다고 말이다.

모소 대나무는 4년 동안 하릴없이 기다리기만 한 것이 아니다. 땅의 기운과 양분을 빨아들이며 앞으로 순식간에 20미터 넘게 자랄 만큼의 에너지를 차곡차곡 축적한다. 나는 중학교 초반까지 세터였지만 더 실력있는 후배가 생기면서 자리가 없어져 어느 순간 자연스럽게 공격수로 전향을 하게 되었다. 훈련은 모든 포지션을 함께 소화했지만 신장의 한계로 네트 너머로 공을 넘기기도 쉽지 않아 점차 수비 비중이 많아진 상황에서도 7년 넘게 매일 훈련을 거듭하며 묵묵히 감당해온 시간에서 기술력, 지구력이 축적되었던 것 같다.

시간은 누구에게나 공평하다. 하루 24시간이 똑같이 주어진다는 것뿐 아니라, 노력이 더해진 시간은 반드시 결과를 동반한다는 사실에서도 공평하다. 오늘 나에게 주어진 일을 하면 된다. 그렇게 알찬 하루가 하나하나 더해져서 미래를 만드는 것이다.

이쯤에서 진실을 밝혀야겠다. 모소 대나무 이야기에는 엄청난 반전이 있다. 사실은 이 세상에 모소 대나무가 실재하지 않는다는 점이다. 어떻게 된 걸까?

 이 글을 시작할 무렵만 해도 나는 모소 대나무의 존재를 믿었고, 대기만성(大器晩成)의 상징과도 같은 감동적인 이야기에 흠뻑 빠져들었다. 그런데 글을 마무리할 즈음에 출판사의 편집자를 통해 모소 대나무 이야기가 누군가 꾸며낸 것이라는 사실을 알게 되었다. 아니, 꾸며냈다기보다는 일종의 오해에 신화적인 색채가 더해진 것이라고 할 수 있다.

 4년 동안 새순만 삐쭉 내밀고 있다가 5년째에 급격히 자라나는 대나무는 세상에 존재하지 않는다. 다만 따뜻한 기후대인 중국 남부와 대만에서 자라는 맹종죽이라는 대나무가 기후 환경이 맞지 않은 탓에 생장이 멈추었다가 4~5년 뒤에 발아한 사례가 있다는 연구가 1900년대 초반에 발표된 적은 있다고 한다. 그 대나무의 생장 주기가 원래 그런 것이 아니라 기후 이상에 따른 일시적 현상이었던 것이다. 어쩌면 모소 대나무 신화의 출발점이 여기가 아닌가 싶다.

어떤 종류의 매는 30년을 살고 난 뒤 낡은 부리와 발톱을 바위에 스스로 부딪쳐 벗겨낸다고 한다. 그렇게 하면 오래지 않아 새로운 부리와 발톱이 자라고 매는 그야말로 젊은 신체로 거듭나서 다시 30년을 산다는 것이다. 이 놀라운 이야기는 고통을 감내하며 쇄신을 이룬다는 의미가 덧붙여져 대중에 회자되었다. 여러 신문의 칼럼들이 인용하기도 했다. 그러나 이 역시 지어낸 이야기다. 많은 사람이 모소 대나무와 매의 신화를 믿고 싶어 한다. 그만큼 우리의 처지가 각박하고 어렵기 때문이다. 현실적으로 존재하지 않을 것 같은 이야기에 공감하고 감동하면서 희망을 품는 것이다.

결론적으로 모소 대나무 이야기는 허구이지만, 나는 그래도 모소 대나무의 이야기를 믿고 싶다. 할머니가 들려준 옛날이야기처럼 가끔씩 꺼내어 되새기면서 마음을 다잡고 싶다. 아직은 제대로 자라지 못했지만 어느 날 폭발적으로 성장할 때를 기다리며 몸과 마음에 경험과 노력이라는 자양분을 쌓아가는 새순이 이 세상에 많았으면 좋겠다. 그래서 그들 모두가 모소 대나무 이야기의 진짜 주인공이 되었으면 좋겠다. 중학생 후보 배구 선수 김연경이 최고의 공격수로 거듭나기까지 적지 않은 시간이 필요했던 것처럼.

시간은 누구에게나 공평하다. 하루 24시간,
1년 365일이 주어진다는 사실뿐 아니라,
노력이 더해진 시간은 반드시 어떤 결과를
이루어낸다는 점에서도 공평하다.

7

후보의 시간을 즐겨라

뛰어난 주인공은
충실한 단역과 조연의 시간을 통해 만들어진다

세상과 타인이 나를 알아봐주지 않는 것은
내가 아직 그들의 기대를 받을 만큼 성장하지 못했기 때문이다.
많은 책임과 역할을 떠맡기 전,
후보와 조연에 머물러 있는 시간을 알차게 보낸 사람만이
진정한 주인공이 될 수 있다.

주인공
후보와 조연
공부

<u>모든 프로 스포츠의</u> 팬들은 시즌이 막바지에 이르면 어느 팀이 우승을 차지할 것인가를 놓고 촉각을 곤두세운다. 특히 상위권에 속해서 순위 경쟁을 펼치는 팀의 선수와 팬들은 시즌이 끝으로 향할수록 피를 말리는 하루하루를 보낸다. 이에 못지않게 또 하나 관심을 끄는 것이 어느 선수가 각 부문의 개인 타이틀을 거머쥘 것인가 하는 문제다.

2024-25시즌 현재 V 리그 여자부는 일곱 팀이 정규 리그에서 각각 36게임을 소화한 뒤 플레이오프와 챔피언 결정전을 치른다. 정규 리그의 3위와 2위 팀이 3판 2선승제의 대결(플레이오프)을 펼치고, 여기서 승리한 팀이 정규 리그 1위 팀과 5판 3선승제의 마지막 결전(챔피언 결정전)을 치러 최종 우승팀을 가린다.

이 모든 여정이 끝나는 때가 4월 초순 무렵이다. 이후에 그동안 고생한 선수들 중에서도 각별히 뛰어난 활약을 펼친 선수들을 가려 '베스트 7'을 선정하고 MVP와 신인 선수상, 페어플레이상, 감독상을 수여하는 등 자축하는 시간을 갖는다. 그리고 상이 주어지지는 않지만, 공격과 수비에서 가장 좋은 성적을 올린 선수에게는 '1위'의 영예가 주어진다.

개인 타이틀의 각 부문은 다음과 같다.

첫째, '득점'이다. 정규 리그를 통틀어 가장 많은 득점을 올린 선수에게 1위의 영예가 돌아간다. 둘째가 '공격'인데, 더 자세히 말하면 '공격 성공률'을 일컫는다. 셋째가 '서브'다. 상대 팀 선수들이 받아내기 까다로운 서브를 때려서 득점을 올리는 것이다. 여기까지가 공격 부문이다.

비득점 부분에는 '수비'와 '리시브', '세트'가 속한다. '수비'는 디그(dig)라고도 하는데, 상대편에서 날아온 스파이크와 백어택 공격 등을 받아내는 것이다. '리시브'는 상대편의 서브를 받아내는 것인데, 단순히 공을 받아내는 것이 아니라 우리 편 세터에게 공이 정확하게 전달되어서 공격의 바탕이 되었을 때 이를 '리시브효율'이라는 수치로 계산하여 개인 기록에 반영한다. '세트'는 우리 편 공격수가 스파이크나 백어택, 속공 등의 공격을 할 수 있도록 세터가 공을 얼마나 효율적으로 토스를 해서 공격이 성공으로 이루어졌는지 '세트 성공률'을 반영한다. 축구로 치면 어시스트와 유사하다.

마지막으로 공격과 수비가 동시에 이루어지는 '블로킹'이 있다. 네트 위로 손을 뻗어 상대편 공격을 차단하는 행위다. 블로킹을 잘하면 상대의 공격을 막아내는 동시에 득점을 올릴 수 있다.

우리나라 여자 배구 리그에 외국인 선수 제도가 도입된 때는 2006-07시즌부터였다. 내가 프로 선수로 데뷔한 때가 2005-06시즌이었으니, 그 이듬해부터 우리나라 여자 배구 리그에서 외국인 선수가 뛰기 시작한 것이다. 이후 공격 부문의 상위권은 대부분 외국인 선수의 몫이 되었다.

나는 2024-25시즌을 포함하여 우리나라 V 리그에서 여덟 시즌을 뛰었다. 감사하게도 이 여덟 시즌을 뛰는 동안 모두 여섯 번의 정규 리그 MVP를 수상했다(2024-25시즌이 끝난 뒤 일곱 번째 MVP를 수상했다). 특히 외국인 선수 제도가 도입되기 전이자 데뷔 시즌이었던 2005-06시즌에는 득점과 공격, 서브 등의 공격 전 부문에서 1위를 차지하고 신인상과 정규 리그 MVP, 챔피언 결정전 MVP를 수상하면서 6관왕이 되었다.

이듬해인 2006-07시즌에는 외국인 선수들의 맹활약 속에서도 공격 1위, 득점 2위, 서브 2위를 기록하여 다시 MVP를 수상했다. 프로 3년 차였던 2007-08시즌에 세 번째 MVP를 수상함으로써 3년 연속 최고의 자리에 올랐다. 이후 해외에서 활동하다가 도쿄 올림픽을 앞둔 2020-21시즌에 V 리그에 복귀했을 때 네 번째 MVP를 수상했고, 한 시즌을 중국에서 뛰고 나서 다시 복귀했던 2022-23시즌과 2023-24시즌에 각각 다섯 번째, 여섯 번째 MVP를 수상했다.

여기서 주목해야 할 시즌이 2023-24시즌이다. 이전 시즌에는 공격 부문 가운데 최소 한 부문에서 1위를 했던 반면 2023-24시즌에는 단 한 부문에서도 개인 타이틀을 차지하지 못했다. 그런데도 왜 내게 정규 리그 MVP가 주어졌을까? 인지도와 인기의 영향이었을까?

리그 MVP를 선정하는 일은 기자단의 몫이다. 투표권을 가진 기자단은 선수의 여러 가지 지표를 고려하여 표를 행사한다. 2023-24시즌에 나는 득점 6위, 공격 2위, 서브 6위를 한 이외에 수비에서 8위, 리시브에서 5위를 했다. 아마도 기자단은 공격뿐만 아니라 수비에서의 기여도를 보고 내게 표를 주었을 것이다.

자화자찬하는 꼴이어서 쑥스럽기는 하지만, 나는 공격 못지않게 수비에도 뛰어난 편이다. 선수 생활을 하는 내내 공격수로서는 드물게 수비와 리시브에서도 항상 상위권을 유지해왔다. 2005년 청소년 국가 대표로 U-17 아시아 선수권 대회에 참가했을 때는 득점 1위와 리시브 1위를 동시에 석권했고, 2012년 국제배구연맹(FIVB)에서 주관한 올림픽 예선전에서는 득점 1위와 공격 1위, 리시브 1위를 동시에 달성했으며, 2021-22시즌 중국 슈퍼 리그에서는 리시브 1위를 차지했다. 2024년 12월 현재에도 나는 수비 11위와 리시브 2위에 올라 있다. 수비·리시브 부문의 상위권에 오른 선수들은 나를 제외하면 모두 전문 수비수인 리베로다. 대부분의 배구 팬들께서는 상대 진영에 스파이크와 백어택을 시원하게 내리꽂는 공격수 김연경을 기억하시겠지만, 나의 선수 인생에서는 사실 수비와 리시브의 비중 역시 매우 컸다. 그리고 완성된 배구 선수를 지향해온 나로서는 수비에 강점을 지닌 나 자신에 큰 자부심을 느끼고 있다.

많은 사람이 계획을 세우고 거기에 충실함으로써
어떤 목표에 접근해가지만, 때때로 놀라운 일은
전혀 계획하지 않은 가운데 이루어지고는 한다.
이것 역시 삶의 한 가지 속성이다.

수비를 잘하기 위해서는 시속 100킬로미터 이상의 속도로 날아오는 공에 대응할 수 있는 반사 신경을 갖추어야 할 뿐만 아니라, 경기의 전체적인 흐름을 이해하는 능력을 겸비해야 한다. 상대 팀의 수를 읽어야 공이 날아오는 방향을 예측할 수 있고, 거기에 맞추어 위치를 선점할 수 있다.

공격뿐만 아니라 수비와 리시브 능력까지 갖춘 나를 보고 사람들은 이렇게 말한다. "역시 타고난 배구 선수야." 배구 선수로서 재능을 가진 사실을 부인할 수는 없다. 일단 키가 크니깐. 하지만 재능은 극히 일부분에 불과하다. 내가 수비에 뛰어난 이유는 후보 선수로 벤치를 지켰던 시간이 있었기 때문이다.

앞서 여러 번 이야기했듯, 나는 중학생 때부터 세터를 했지만 대부분 수비나 리시브 라인을 지키는 역할을 많이 했다. 특히 리시브는 감각적인 테크닉이 중요했는데 오랜 기간 수비 훈련을 하면서 자연스럽게 이 두 가지 기본기를 갖춘 셈이 되었다. 하지만 프로 무대에서 공격수로 뛰면서도 여느 리베로 못지않게 수비에 기여하려면 경기의 흐름을 읽을 줄 알아야 한다. 나는 이러한 능력을 후보 선수로 벤치를 지키면서 학습했다.

사건의 중심에 있을 때는 그 사건의 전체적인 윤곽을 파악하기 어렵다. 일정한 거리를 두고 떨어져서 바라보아야 전체를 살필 수 있다. 아르헨티나의 축구 선수 리오넬 메시가 세계 최고가 될 수 있었던 것은 축구 경기의 흐름을 이해하고 파악하는 능력이 뛰어났기 때문이다. 메시는 골잡이로서 수많은 골을 넣을 뿐 아니라, 동료의 골을 돕는 키패스(key pass)와 킬러 패스(killer pass)로 경기의 흐름을 순식간에 뒤집는다. 마치 축구장을 위에서 내려다보는 것처럼 플레이를 펼친다.

   나는 4년 가까이 후보 선수로 벤치에 머물면서 수많은 경기를 지켜보았고, 그럴 때마다 우리 편과 상대편 선수의 움직임을 유심히 살펴보았다. 경기에 나서지 못하는 것은 아쉬웠지만, 경기를 지켜보는 것 역시 나에게는 큰 공부가 되었다.

   실점할 때와 득점할 때는 반드시 이유가 있다. 우리 진영의 전열이 흐트러져서 빈 공간이 생기면 상대 공격수는 그 빈틈을 향해 스파이크를 때린다. 팀원 간에 유기적인 플레이를 펼치면서 상대편에 빈틈을 주지 않는 것이 가장 기본적인 승리 요건이다. 하지만 경기에 너무 몰입한 나머지 공의 움직임에만 집중하다 보면 우리 진영의 어디에 빈 공간이 있는지 잘 보이지 않는다. 특히 공격 빈도가 높은 선수는 수비를 등한시할 때가 많다. 공격 성공률을 높이면서 수비까지 잘하려면 그야말로 코트를 위에서 내려다볼 수 있는 능력을 갖추어야 한다. 내가 공격수이면서 수비 기여도가 높은 이유는 후보 선수 시절에 수많은 경기의 구경꾼으로 지내면서 나도 모르게 경기의 전체적인 윤곽을 머릿속에 그리는 훈련을 해왔기 때문이다.

물론 그것은 의도된 행위가 아니었다. 중학생 때 내가 뭘 알아서 그렇게 했겠는가? 후보 신세이면서도 경기에 참여할 수 있는 유일한 방법이 관심을 갖고 지켜보면서 나름대로 분석하고 연구하는 것뿐이었기에 그렇게 했던 것이다. 그때는 후보 선수로 벤치에 앉은 채 경기를 지켜보는 것이 나중에 내 배구 인생에 어떤 영향을 미칠지 전혀 생각하지 못했다. 공수(攻守) 양면에 뛰어난 '세계 1위' 배구 선수 김연경을 만든 8할은 후보의 시간이었던 것이다.

처음 어떤 조직과 단체에 속하거나 프로젝트에 참가할 때, 또 사회 초년생으로서 새로운 삶을 시작할 때는 대체로 '조연'의 역할을 맡게 된다. 어떤 사람은 특유의 리더십과 능력을 발휘해서 주연과 리더가 되는 시간을 앞당기기도 하지만, 대다수의 사람은 '주전'이 되기 위한 경험치를 쌓느라 제법 긴 시간을 후보의 자리에 머무른다.

이때 중요한 것이 마음가짐이다. 후보에 머물러 있는 상황에 불만을 품은 채 왜 나를 알아봐주지 않느냐고 불평을 늘어놓기만 한다면 후보로 지내는 시간은 그야말로 무의미한 시간으로 소모되고 만다. 반면에 당장은 도드라지는 성과를 내지 못하고 주목받지 못하더라도 경험을 쌓고 공부하는 시간으로 받아들인다면 후보의 시간은 미래를 형성하는 자양분이 된다.

시간이 쌓였다고 해서 인생이 되는 것은 아니다. 벽돌을 아무렇게나 쌓아둔 것을 보고 집이라고 말하지는 않는다. 사람은 공간에 머무르지만, 한편으로는 그동안 축적해온 시간 위에서 살아간다. 내가 지금 어떤 시간을 보내느냐에 따라 오늘과 내일이 달라진다. 내가 지금 행하는 행위 하나하나가 미래의 집을 짓는 벽돌이다.

후보의 시간을 즐겨라. 중심에 있을 때는 볼 수 없는 것들을 살필 수 있는 시간을 누려라. 우리 한 사람 한 사람은 누구나 자기 인생의 주인공이다. 다만 지금의 내 역량과 상황에 따라 다양한 역할을 소화하면서 살아갈 뿐이다. 나는 후보 선수로 4년을 보냈고, 이후 20년 동안 주전으로 살았다. 하지만 이제 곧 현역에서 물러날 시간이 다가오고 있다. 비록 주전에서 내려오더라도 그때가 되면 내게는 또 다른 역할이 주어질 것이고, 나는 그 역할에도 만족하며 최선을 다할 것이다.

내 삶의 진정한 주인공이 되기 위해서는 후보의 시간을 잘 보내야 한다. 그 시간을 알차게 보낸 사람은 주전이 되고 난 뒤에도 자신을 뒷받침해주는 후보들에게 감사하는 마음을 가질 수 있고 주변을 더욱 빛나게 한다. 인생의 방향은 예측 불가능한 것이지만, 지금 나에게 주어진 위치에서 책임을 다한다면, 시간은 우리를 옳은 곳으로 데려다줄 것이다.

세상이라는 무대에 나를 선보이는 첫 순간부터
주역을 맡는 사람은 거의 없다.
만약 그런 사람이 있다면,
그는 수련의 과정을 거치지 않은 대가를 치르게 될 것이다.
중심에 서지 못하고
주변부에서 조역을 맡는 그 시간이야말로
주인공으로서 진가를 발휘할 실력을 쌓아가는
소중한 기회다.
그 시간을 소중히 여겨라.

8

고통으로 남길 것인가, 성장통으로 승화시킬 것인가?

우리의 삶에 찾아오는 시련에 대처하는 자세

삶은 때때로 우리에게 고통을 안기지만,
또한 그것을 견뎌낼 힘도 동시에 부여한다.
앞으로의 내 인생에 행복만이 가득하기를 바라지만,
시련을 이겨낸 뒤에 찾아오는 깨달음과
고통을 극복한 나 자신을 향한 신뢰 역시
소중한 선물이라고 여긴다.

시련

인내

성숙

고등학교 1학년 후반부터 갑자기 키가 쑥쑥 자라고 신체 밸런스가 맞기 시작하면서 나는 드디어 배구 선수로서 빛을 보게 되었다. 그동안 벤치를 지키며 동료들이 경기하는 모습을 부러운 눈으로 지켜보던 설움을 만회하려는 듯 나는 폭발적인 경기력을 보이며 단숨에 고교 유망주로 떠올랐다. 어릴 때부터 마음속에 키워왔던 성인 배구 선수의 꿈이 성큼 눈앞에 다가와 있었다.

한국 프로 배구 리그가 태동한 때는 내가 고등학교 2학년이었던 2004년이다. 그전까지 우리나라 배구 리그는 세미프로(semiprofessional) 수준이었다. 물론 리그에 소속된 선수들은 전문 배구 선수였지만, 엄격하게 말하면 배구팀을 운영하는 모기업의 직장인으로 분류되었다. 그러다가 2004년에 이르러 우리나라 배구 리그를 프로페셔널 수준으로 끌어올리자는 움직임이 시작되었고, 같은 해 11월 19일 프로 리그의 위상에 맞는 첫 드래프트가 실시되었다. 이때 일신여자상업고등학교의 나혜원(은퇴)이 오늘날 GS칼텍스의 전신인 LG정유에 의해 1라운드 1순위로 지명되었고, 나의 고등학교 1년 선배인 황연주(현 한국도로공사 하이패스)가 흥국생명에 의해 1라운드 2순위로 지명되었다.

그리고 이어서 2005년 2월부터 5월까지 다섯 팀(이 당시 여자부의 다섯 팀은 한국도로공사, KT&G, 현대건설, GS칼텍스, 흥국생명이다)이 각각 16경기를 치르는 시범 프로 리그가 운영되었다. 본격적인 첫 프로 리그인 2005-06시즌은 2005년 12월부터 2006년 4월까지 열릴 예정이었다. 따라서 2005년 11월에 열리는 드래프트에서 내가 프로 구단의 지명을 받는다면, 대한민국의 프로 배구 리그의 사실상 첫 시즌부터 선수로 뛰는 상황이었다(한국 프로 배구는 2004년 천안컵 프로배구대회를 시작으로 첫 발을 내디뎠다. 이 대회는 정식 출범을 앞둔 프로리그의 성격을 미리 보여주는 자리였다. 그 후 2005년 2월, 제1회 V-리그가 개막하며 프로 시대에 들어섰다.).

여기서 잠시 우리나라 배구의 역사에 관해서 간략하게 살펴보자.

우리나라에 처음 배구가 소개된 때는 1916년으로, 한국 YMCA에 부임한 미국인 지도자 바이런 P. 반하트(Byron P. Barnhart)가 우리나라 청소년들에게 배구를 가르친 것이 최초였다(배구라는 스포츠가 처음 고안된 때는 1895년이다). 이후 1925년에 조선일보가 주최한 제1회 조선 배구 선수권 대회가 열렸다. 이 대회의 초창기에는 조선일보를 일본인이 경영한 탓인지 대회의 참가 자격도 일본인 학교로 제한되다가 1930년의 제6회 대회 때부터 우리나라 선수들도 참가하게 되었다. 한국인이 주체가 되어 열린 첫 배구 대회는 한국 중앙 YMCA가 1928년에 주최한 전 조선 배구 선수권 대회다.

광복을 맞은 이듬해인 1946년에 대한민국배구협회(오늘날 대한배구협회)가 창설되었고, 같은 해 5월에 제1회 전국 배구 선수권 대회가 개최되었다. 전국 배구 선수권 대회는 우리나라 배구계가 새로운 전환점을 맞이한 1984년까지 꾸준히 열렸다.

구기 종목으로는 최초로 우리나라에 올림픽 메달을 선사한 종목이 배구였던 만큼(1976년 몬트리올 올림픽 여자 배구·동메달) 배구는 대중 스포츠 중에서 가장 큰 인기를 누렸다. 전국적으로 등록된 팀의 숫자만 해도 222개일 만큼 저변이 넓었다. 특히 여자 배구는 세계 순위가 꽤 높았고, 심심찮게 세계 대회의 4강에 진입하는 만만찮은 실력을 보였다. 이러한 인기와 실력에 힘입어 전국 배구 선수권 대회는 1984년부터 대통령배 전국 남녀 배구 대회로 위상이 한층 승격되었고, 1994년에는 '한국 배구 슈퍼 리그'라는 이름의 세미프로 리그가 출범했다.

하지만 시간이 지나면서 배구의 인기는 시들해졌다. 프로 야구 리그(KBO·1982년)와 프로 농구 리그(KBL·1997년)가 인기 대중 스포츠로 자리 잡으면서 관심이 옮겨진 탓이었다. 이에 우리나라 배구계는 본격적인 프로 리그를 출범하기로 계획했고, 이때가 2004년이다. 프로 배구 리그(V 리그)가 출범하면서 대한배구협회와는 별도로 프로 리그를 전담할 새로운 조직이 만들어졌는데, 이것이 바로 한국배구연맹(KOVO·Korean Volleyball Federation)이다. 프로 리그 출범 이후 여자 배구는 2010-11시즌까지 다섯 팀이 리그에 소속되었다가 2011-12시즌부터 IBK기업은행이 창단하면서 새롭게 리그에 들어와 여섯 팀이 되었고, 2021-22시즌부터는 페퍼저축은행이 합류하여 모두 일곱 팀으로 구성되어 오늘에 이르고 있다. 각 팀별 경기 수도 차츰 늘어서 프로 리그 출범 당시만 해도 28경기였던 것이 2022-23시즌부터 36경기를 치르게 되었다.

졸업을 앞둔 모든 운동선수가 그렇듯, 나 역시 프로 구단이 선수를 지명하는 드래프트 행사를 앞두고 적잖이 긴장했다. 고등학교 2학년 때부터 뛰어난 플레이를 펼쳤고, 청소년 국가대표로 선발되어 아시아 대회에서 득점상을 수상하기도 했지만, 과연 2년 남짓한 기간 동안의 플레이만으로 프로 구단의 관심을 받을 수 있을지 걱정되었다.

프로 구단의 지명을 기다리는 모든 운동선수들은 가고 싶은 팀이 있기 마련이다. 하지만 선수에게는 팀을 선택할 권한이 없다. 선택권은 오로지 구단만이 갖고 있다.

지금은 신인 선수 드래프트 방식이 확률제로 운영되지만,

내가 프로 리그에 진출할 때는 우선 지명권이 이전 시즌 순위의 역순으로 주어졌다. 꼴찌 팀이 1라운드 1순위 지명권을 갖고, 꼴찌에서 두 번째 팀이 2순위 지명권을 갖는 식이었다. 2라운드에서는 순서가 역전되어서 이전 시즌의 1위 팀이 2라운드 1순위 지명권을 가졌다.

드래프트를 앞두고 동기들과 이야기를 나누어보았는데, 사실 흥국생명은 대체로 기피하는 팀이었다. 일단 흥국생명은 성적이 하위권에 맴돌았고, 선후배 사이에 기강이 세고 규율이 엄격하다는 소문이 나 있었기 때문이다.

그런데 2005년 2월부터 5월까지 진행된 시범 프로 리그에서 꼴찌를 한 팀은 흥국생명이었고, 따라서 1라운드의 1순위 지명권은 흥국생명에게 있었다. 나는 흥국생명이 어떤 선수를 지명할지 긴장된 표정으로 지켜보았다.

"한일전산여자고등학교의 김연경!"

내 귀를 의심했다. 프로 구단의 지명을 받는 것만으로도 다행이라고 생각하고 있었는데, 1라운드 1순위로 지명된 것이었다. 그 순간 흥국생명이 내가 그다지 선호하지 않은 팀이었다는 기억은 저 멀리 아득하게 사라졌다. 전체 1라운드 1순위의 명예를 안겨준 팀에게 고마울 따름이었다.

내 실력이 프로 리그에서도 통할까? 걱정은 기우에 불과했다. 흥국생명 여자 배구단은 1971년 창단한 이래 선수권 대회와 대통령배, 슈퍼 리그를 거치는 동안 줄곧 중하위권에 머물렀으나, 정식 프로 리그 출범과 함께 정규 리그 1위에 올라섰다. 아포짓 스파이커(라이트) 포지션의 모교 1년 선배 황연주와 아웃사이드 히터(레프트)인 내가 내리꽂는 스파이크는 가히 위력적이었다.

총 28경기를 치른 2005-06시즌의 정규 리그에서 흥국생명은 17승 11패를 기록해 한국도로공사와 동률을 이루었으나, 세트 득실에서 근소하게 앞서 챔피언 결정전으로 직행했다. 한국도로공사(2위)와 KT&G(3위·16승 12패·KGC인삼공사와 정관장의 전신)가 치른 3전 2선승제의 플레이오프에서는 한국도로공사가 2 대 0으로 승리했다. 이로써 정규 리그 내내 피를 말리는 순위 경쟁을 펼쳤던 두 팀이 막바지의 외나무다리에서 챔피언 왕관을 놓고 다시 맞붙게 되었다.

챔피언 결정전은 5전 3선승제로 치러졌다. 첫 경기는 한국도로공사의 승리(세트 스코어 1 대 3). 이튿날 벌어진 두 번째 경기에서는 흥국생명이 이겼다(세트 스코어 3 대 1). 우열을 가리기 힘들 만큼 두 팀은 대등한 경기력을 보였다. 그리고 세 번째 경기에서 한국도로공사가 승리했고(세트 스코어 0 대 3), 다음 날의 네 번째 경기에서는 흥국생명이 이겨(세트 스코어 3 대 0) 승부는 원점으로 돌아갔다. 상대 전적뿐 아니라 세트 득실마저 동률을 이루어 경기를 뛰는 선수나 지켜보는 팬들이나 모두 한 치의 긴장을 놓을 수 없는 상황이었다.

그리고 드디어 최종 승부를 가리는 마지막 날 경기가 펼쳐졌다. 1세트를 내준 흥국생명은 이후 2·3·4세트를 내리 이기면서 대한민국 여자 프로 배구 리그의 첫 시즌에 왕좌를 차지하는 역사를 썼다. 선배들과 함께 우승 트로피를 들어 올릴 때의 그 짜릿함은 이루 말로 표현하기 힘들 만큼 강렬했다.

그리고 이어서 열린 시상식에서 나는 정규 리그 MVP, 득점상, 공격상, 서브상뿐 아니라 신인상과 챔프 결정전 MVP까지 오르면서 6관왕이 되었다. 팀의 우승뿐 아니라 개인적인 영예까지 과분하게 누린 나는 그야말로 공중에 떠 있는 기분이었다.

하지만 나락으로 떨어지기까지는 그리 오랜 시간을 필요로 하지 않았다.

어느 종목을 막론하고 시즌이 끝난 뒤에는 거의 모든 운동선수가 몸 상태를 체크하기 위해 정밀 검진을 받는다. 시즌 중에 부상이 찾아와 일찍 레이스를 마친 선수들과 달리 시즌을 완주한 선수들은 정밀 검진을 통해 몸에 이상이 없음을 확인하는 절차를 거치는 것이다.

하지만 사실 나는 첫 시즌을 치르는 동안 몸에 이상이 있음을 이미 알고 있었다. 특정한 각도로 다리를 비틀 때 통증이 느껴졌고, 무릎을 굽혔다가 점프할 때와 착지할 때면 통증이 크게 다가오고는 했다. 그래서 관절에 대해서 잘 아는 의사 몇 분을 만나본 결과, 뼈가 떨어져 나가 무릎 안을 돌아다니고 있다는 소견을 받았다. 시즌이 끝나면 뼛조각을 제거하는 수술을 받아야 한다는 사실을 나는 시즌 중에 이미 알고 있었던 것이다.

한 가지 다행스러운 일은 나의 부상 정도가 그리 심하지는 않았다는 점이다. 원래 뼈가 떨어져 나가면 그만큼 공간이 생기기 때문에 여러 가지 의학적 방법으로 그 공간을 메워야 한다. 다행히도 나는 성장판을 다치지 않았고 뼈가 떨어져 나간 자리가 저절로 차오르고 있어서 굳이 뼛조각을 제거한 공간에 의학적 조치를 할 필요가 없었다.

하지만 이러한 상황이 오히려 재활 기간을 길게 잡아먹었다. 뼛조각을 떼어낸 공간을 자연 치유력에 의지한 내 몸이 스스로 채워나가는 시간만큼 기다려야 했기 때문이다. 그리고 아무리 간단한 수술이라고는 하지만, 운동선수가 몸에 칼을 대었다는 사실에 대한 심적 부담감에서 완전히 자유로울 수는 없었다. 재활이 끝난 뒤에 다시 예전과 같은 경기력을 보일 수 있을지 두려움이 없었다면 거짓말일 것이다. 그런 여러 가지 생각이 교차하는 사이에 걸음마부터 시작한 나의 재활 훈련은 가벼운 러닝을 할 수 있을 정도까지 나아갔다.

몸을 완전히 회복하기까지는 시간이 더 필요했고 의료진도 만류했지만, 나는 다시 훈련장으로 향했다. 2006년 12월 1일부터 카타르 도하에서 제15회 아시안게임이 열릴 예정이었다. 태어나서 처음 몸을 마음대로 움직이지 못한 채 웅크리고 지낸 터라 나부터가 어서 빨리 경기장에 나가서 뛰고 싶었다.

하지만 몸을 완전히 회복하지 않은 채 섣부르게 훈련에

나선 대가를 치러야 했다. 수술 후유증 때문에 지속적으로 발바닥에 통증이 느껴졌다. 하지만 주변에 사실대로 말할 수는 없었다. 그저 몸이 조금 불편할 따름이라고 둘러댔다. 그런 상태로 훈련을 거듭한 뒤에 카타르 도하로 향했다.

결과적으로 2006년의 도하 아시안게임에서 우리 여자 배구 대표팀은 최악의 경기력으로 8강에서 탈락하고 말았다. 8강전에서 태국에 세트 스코어 1 대 3으로 패한 뒤 경기장을 떠나 라커룸으로 향하면서 나는 악몽을 꾸는 것만 같았다. 당시의 대표팀 감독도 경기가 끝난 뒤 이렇게 말했다.
"도저히 설명이 되지 않는 경기였다."

우연한 승리가 없듯, 우연한 패배도 없다. 어떤 일이 그렇게 된 데에는 반드시 원인이 있다. 팀의 득점을 책임져야 하는 주포로서 나는 제 역할을 다하지 못했고, 함께 뛰었던 공격수들도 제 기량을 발휘하지 못했다. 몸 상태가 100퍼센트가 아니었다는 점을 핑계로 내세울 수는 없었다. 결국 나는 프로 1년 차가 지난 뒤 맞이한 비시즌에 수술이라는 악재에 이어 아시안게임 조기 탈락이라는 쓰디쓴 경험을 해야 했다.

프로 2년 차에 접어든 2006-07시즌에 우리나라 배구 리

살아가면서 몸과 마음이 완벽한 상태에 놓이는 일은
아주 드물다. 누구나 조금씩의 불편을 감수하면서
자신의 길을 가고 있다. 하지만 멀리 가기 위해선
반드시 쉬어 가야 한다. 휴식은 멈춤이 아니라,
삶의 질을 높이는 적극적 행위다.

그는 새로운 전환점을 마련했다. 외국인 선수를 영입하는 제도가 시행된 것이다(남자 배구 리그는 한 해 앞선 2005-06시즌에 외국인 선수 제도를 도입했다). 체격과 타점이 좋은 외국인 선수들은 공격 부문에서 차원이 다른 경기력을 보였고, 팀 내에서 득점에 관여하는 기여도 역시 외국인 선수의 비율이 높았다. 외국인 선수의 활약과 수술 후유증에 따른 부상 여파에도 나는 공격에서 1위를 차지하고, 득점 2위, 서브 2위(1위는 황연주), 수비 6위, 리시브 4위를 차지하는 등 고른 활약을 펼칠 수 있었다. 그리고 흥국생명 역시 정규 리그 1위를 차지한 데 이어 챔피언 결정전에서도 승리해 2년 연속 통합 우승을 이루었다. 개인적으로는 정규 리그 MVP와 챔피언 결정전 MVP를 수상하는 영광을 누렸다. 하지만 시즌이 끝난 뒤에 나는 무릎 연골에 이상이 생겨 다시 수술대에 올랐다.

 2007-08시즌에도 흥국생명은 정규 리그 1위를 차지했다. 하지만 챔피언 결정전에서 GS칼텍스에 무릎을 꿇어 3년 연속 통합 우승에는 실패했다. 프로 1년 차에 이어 프로 2년 차에도 수술대에 오른 부상의 악재 속에서도 나는 나름의 기량을 보였고(공격 1위·득점 2위·서브 3위·수비 6위·리시브 4위), 정규 리그 MVP에 선정되었다. 그런데 또다시 무릎에 이

상이 생겨 시즌이 끝난 뒤 수술대에 누워야 했다.

2008년은 유독 힘들었던 해로 기억된다. 2007-08시즌을 완주한 뒤 다시 정밀 검진을 받았다. 시즌 내내 통증을 느꼈기 때문에 내심 걱정이 많았다. 아니나 다를까, 결과가 좋지 않았다. 무릎 안쪽의 연골이 파열되어 있었다. 검진을 한 의사께서 혀를 차며 말했다.

"이런 상태로 수비를 하기 위해 급격히 무릎을 구부릴 때마다 통증이 컸을 텐데······."

나는 부인할 수 없었다.

"지금 수술을 하지 않으면 정말로 상황을 되돌릴 수 없을지도 몰라요."

병원과 구단에서는 내게 강력히 수술을 권했지만, 나는 따를 수 없었다. 왜냐하면 2008년 그해 여름에 베이징 올림픽이 열릴 예정이었고, 우리나라 여자 배구팀은 올림픽 최종예선에 진출해 있었다. 나는 그 중요한 경기를 포기할 수 없었다.

"연경아, 너 말고도 우리나라에는 훌륭한 공격수가 많아. 당장은 너 자신만 생각해."

구단 프런트의 설득이 귀에 들어오지 않았다. 나는 국가대표였고, 올림픽 진출을 좌우하는 중요한 경기가 기다리고 있었다.

"저는 대한민국 선수예요. 선수는 경기를 뛰어야 해요. 아픈 건 늘 그랬단 말이에요."

그렇게 고집을 부렸지만, 모든 상황이 나를 말리는 방향으로 흘러갔다. 내가 끝까지 고집을 꺾지 않고 경기에 나선다 해도 부상 때문에 제 기량을 발휘하지 못한다면 그런 상황이야말로 국가대표팀으로서는 가장 큰 손실이 아닐 수 없었다. 나와 대표팀은 그와 같은 상황을 이미 2006년 도하 아시안게임에서 경험했다. 나는 눈물을 흘리며 수술동의서에 사인했다.

나는 멀리서 우리 대표팀의 경기를 지켜보았다. 대표팀은 선전했지만 결국 올림픽 진출에 실패했다. 국가대표로서 맞이한 첫 올림픽이었건만, 나는 그 무대에 서보지도 못하고 허무하게 돌아서야 했다.

내가 뛰지 못해서 우리 대표팀이 올림픽 진출에 실패했다고 말할 수는 없다. 하지만 나의 부재가 대표팀의 전력에 악영향을 미쳤다는 사실 역시 부인할 수는 없다. 좋은 성과를 얻기 위해서는 최상의 조건을 갖추어야 한다. 필요하다면 우주의 기운까지도 끌어 모아야 한다. 그런데 우리 대표팀은 공격과 수비에서 큰 비중을 차지하는 중요한 조각 하나를 맞추지 못했다.

2008년 여름, 참담하고 실망스러운 시간을 보내면서 한 가지 다짐한 것이 있다. 가장 반짝이는 별이 되기보다는 낮의 해와 밤의 달처럼 항상 그 자리를 지키며 꾸준히 오랫동안 반짝이는 빛이 되겠다는 다짐이었다. 그러기 위해서는 무엇보다도 내가 나 자신을 잘 보살펴야 했다. 오래 멀리 가기 위해서는 선수로서 성과를 내는 것 못지않게 자기관리에 충실해야 한다는 사실을 배웠다. 그렇게 해서 누군가 나를 필요로 하는 순간, 세상이 나라는 사람의 작은 힘을 원하는 순간 반드시 그 자리에 있겠다고 나 자신에게 약속했다. 여전히 통증이 완전히 사라지지 않아서 고통스럽고, 운동선수로 살아가는 동안에는 이 통증에서 자유로울 수 없겠지만, 나를 더 사랑하고 보살펴서 저 밤하늘을 밝히는 희미한 별로 오랫동안 남겠다고 다짐했다.

모든 것은 마음먹기에 달려 있다. 불우한 시간을 비극으로만 받아들이면 그 시간은 정말로 고통으로 남는다. 하지만 같은 사건을 겪더라도 앞으로 살아갈 나날을 위한 중요한 경험으로 삼는다면 고통은 더 나은 내일을 위한 도약대가 된다.

지금도 뚜렷하게 기억이 난다. 2008년 가을, 수술과 재활을 끝내고 체육관으로 향하던 내 가슴은 뜨거운 희망과 열정으로 부풀어 있었다.

프로 선수 생활 초기에 닥친 시련이
나를 한층 성숙하게 만들었다.
부상으로 인해 가장 중요한 순간에
제 역할을 하지 못했던 나는
나를 더 사랑하고 보살핌으로써
멀리 오래가는 존재가 되겠다고 나 자신과 약속했다.
그리고 깨달았다.
고통과 시련이 사람의 깊이를 더해준다는 사실을.

9

애매모호한 시간을
견뎌야 하는 이유

그럼에도 우리는 계속 가야 한다

어떤 시련은
나 자신이 무기력하고 나약한 인간임을 인정하고
상황에 굴복하라고 강요한다.
닥쳐오는 모든 고난을 견뎌내는 것만이 능사는 아니다.
하지만 지금 가는 길이 옳다면
그럼에도 우리는 지지 말아야 한다.

불행
무기력함
끊기

세상 모든 사람이 평탄하고 행복한 삶을 바란다. 하지만 인생이 항상 원하는 대로 돌아가지는 않는다. 가급적 나쁜 일을 겪지 않기 위해 조심하고 주의하지만, 때때로 삶은 우리의 그런 노력을 무색하게 만들며 고통과 고난을 안긴다.

생각해보면 안 좋은 일은 크게 3가지 방식으로 일어나는 것 같다.

첫 번째는 내가 전혀 생각지도 못한 사이에 불행이 급격히 찾아오는 경우다. 스스로 건강하다고 철석같이 믿고 있었는데 갑자기 중병에 들었다는 진단을 받을 수 있고, 나는 전혀 부주의하지 않았는데도 타인의 전적인 잘못으로 인해 사고를 당할 수도 있다. 실제로 평생 담배 한 번 피우지 않은 사람이 폐암에 걸리는가 하면, 평소에 교통 법규를 철저히 지키는 사람이 난폭한 운전자로 인해 피해를 입기도 한다. 또는 무언가를 잘해보기 위해 노력을 기울였는데, 그 노력이 몸과 마음에 무리를 주어서 나쁜 상황에 빠지기도 한다. 이 예기치 않은 고통이 찾아오는 이유를 우리는 알 수 없다. 다만 삶의 이러한 속성을 이해하는 사람은 그러한 고통과 고난에 짓눌려 주저앉지 않고 어떻게 극복하고 이겨낼 것인가를 생각한다.

두 번째는 나의 선택이 불행을 초래하는 경우다. 새롭게 어떤 시도를 하거나 둘 이상의 선택지에서 하나를 택했을 때 의도치 않게 나쁜 결과를 불러오기도 한다. 번뜩이는 아이디어가 떠올라서 사업을 시작했다가 어려움에 처할 수 있고, 여러 명의 후보들 가운데 한 사람을 결혼 상대로 골랐는데 그로 인해 불행한 삶에 빠질 수도 있다. 그런데 어떤 선택에는 이미 불행이 잉태되어 있기도 하다. 과욕을 부려서 옳지 않은 선택을 하는 경우다. 당장의 이익이 커 보인다는 이유로 정당하지 않은 수단을 취하거나 사람의 됨됨이보다는 겉을 치장하고 있는 외형을 따져서 평가하고 기댄다면 탐욕을 부린 대가를 치러야 한다. 이처럼 잘못된 선택을 함으로써 스스로 불행을 자초한 사람이 자신의 잘못을 깨닫는다면 상황을 호전시키거나 재기할 수 있지만, 끝끝내 뉘우치지 않고 자신을 돌아볼 줄 모른다면 비슷한 불행을 되풀이하거나 남 탓으로 인생을 허비하게 된다. 하지만 새로운 길을 개척하는 선택은 비록 한때의 고통이 따를 수 있을지라도 그로 인해 삶의 범위가 더욱 넓어지고 인간으로서 성숙하는 계기가 된다.

세 번째는 마치 덫에 걸린 것처럼 내가 아무리 애써도 좀처럼 벗어나기 힘든 상황에 처했을 때를 들 수 있다. 내가 크게 잘못한 것이 없는데도 나쁜 일이 벌어지고 그것을 타개할 방법을 찾을 수 없는 경우가 더러 있다. 이런 상황은 여러 가지 형태로 찾아온다. 직장 내에서 업무 또는 인간관계와 관련하여 오해를 샀지만 그 오해를 해명할 길이 없거나, 내가 이룬 성과를 누군가가 가로챘는데도 그것이 나의 성과임을 증명하기 힘들어서 내내 벙어리 냉가슴 앓을 수도 있다. 또는 고용 관계를 맺거나 물건을 매매하면서 계약서를 꼼꼼히 살피지 않은 탓에 지속적인 불이익을 당하면서도 해결책을 찾지 못할 수 있다. 그리고 연인과의 관계가 답보 상태에 빠져 있는데도 새로운 전환점을 마련하지 못한 채 관성에 따르듯 계속 권태기에 빠져 있는 경우도 있다.

세 번째 유형으로 인해 발생한 불행은 첫 번째와 두 번째 상황에 비해 피해 정도가 덜할 수는 있지만, 지금의 불행을 만든 상황을 받아들이기 힘들고 누구의 잘못인지 시시비비를 가리기 어려우며 억울함 감정을 동반한다는 점에서 오히려 첫 번째와 두 번째보다 더 큰 괴로움에 빠져들게 만든다. 나 한 사람이 마음을 고쳐먹거나 노력한다고 해서 상황을 더 나은 방향으로 이끌 수 없기에 지속적인 무력감을 느끼게 되고, 결국에는 인간의 실존 자체가 흔들리게 된다.

나 역시 세 번째 유형의 고통을 당한 적이 있다. 나의 현재와 미래를 나 자신이 아니라 타인의 처분에 맡겨야 하는 시간을 2년 가까이 겪는 동안 나는 빛 한 점 들어오지 않고 언제 끝날지 모르는 캄캄한 터널을 혼자 걸어가는 듯한 암담함과 두려움에 시달려야 했다. 마침내 그 일이 해결되고 시간이 많이 지난 뒤 나는 그 불투명하고 불확실한 때를 '애매모호한 시간'이라고 이름 붙였다. 그리고 사회생활을 해나가는 동안에는 얼마든지 그런 일을 겪을 수 있음을 알게 되었고, 비슷한 일이 되풀이된다면 어떻게 해야 하는지를 그 시간을 통해 배웠다.

앞서 이야기한 불행의 3가지 유형 가운데 첫 번째 유형은 내가 프로 선수가 되자마자 찾아왔다. 2005-06시즌에 프로 배구 선수로 데뷔한 이후 세 시즌 연속해서 수술대에 올라야 했던 것이다. 격렬하게 몸을 쓰는 운동선수에게 부상이란 피할 수 없는 통과의례라고는 하지만, 3년 연속으로 시즌을 마칠 때마다 몸에 칼을 대고 지난한 재활 치료를 해야 하는 상황은 견디기 힘든 과정이었다. 더군다나 2006년 수술 후유증으로 인해 도하 아시안게임에서 제대로 기량을 발휘하지 못한 탓에 우리 대표팀이 8강에서 탈락하고, 2008년에는 수술과 재활로 인해 국가대표팀과 함께하지 못한 채 대표팀이 올림픽 진출에 실패하는 장면을 지켜봐야 했기에 더욱 참담했다. 하지만 그 일들을 겪으면서 나는 나 자신을 더 아끼고 사랑하며 보살펴야 한다는 교훈을 얻었다. 그리고 이후로는 나름 몸 관리를 철저히 한 덕분에 큰 부상 없이 선수 생활을 이어왔다.

내가 한 선택으로 인해 힘든 상황에 처한 일도 있다. 물론 그 선택은 나라는 존재의 틀을 깨고 삶의 지평을 넓히는 과감한 도전이었기에 한 치의 후회도 없다. 다만 선택의 초입에서 나는 새로운 길로 들어서 낯선 세계로 떨어진 고독과 싸워야 하는 시간과 마주해야 했다.

  프로 4년 차였던 2008-09시즌을 마친 뒤 나는 해외 이적을 추진했다. 우리나라 여자 배구 선수 가운데 해외로 진출한 최초의 사례는 1976년 몬트리올 올림픽 동메달의 주역 조혜정으로, 1979년에 당시 세계 최고의 배구 리그였던 이탈리아 리그(세리에 A1)의 안코나로 이적했다. 이후 30명 정도의 한국인 여자 배구 선수가 이탈리아, 일본, 독일, 스위스 등으로 진출했다. 그러나 우리나라 여자 배구 선수의 해외 진출 초창기에 해당하는 1980년대 이후에는 해외로 진출한 선수들과 한국과의 연결 고리가 강하지 않아 그들이 해외에서 어떻게 선수 생활을 했는지 알려진 것이 거의 없다. 게다가 2000년대 들어서는 우리나라 여자 배구 선수의 해외 진출이 뚝 끊겼기 때문에 내가 해외 진출을 타진할 때는 도움을 청하거나 선례로 삼을 만한 사례가 없었다. 그래서 사실상 나로부터 해외 진출의 길을 다시 여는 것이나 마찬가지였다.

  해외 진출을 타진한 뒤로 일본과 이탈리아에서 오퍼가 들어왔다. 이탈리아 배구 리그는 배구 선수라면 누구나 한 번

쯤은 뛰고 싶어 하는 세계 최고의 리그다. 나는 일본과 이탈리아를 놓고 저울질하다가 구단과 가족, 친구들과 상의한 끝에 일단 일본의 JT 마블러스로 향했다. 한국과 거리상으로나 문화적으로 가까운 일본에서 먼저 해외 경험을 쌓자는 의도였다.

일본 선수들 사이에는 내가 제법 알려져 있었고, JT 마블러스 선수들의 성향 자체가 친절하고 상냥해서 큰 어려움 없이 팀에 적응할 수 있었다. 하지만 한국에 있을 때는 시끌벅적한 구단 숙소에서 지내며 마음껏 팀 동료들과 수다 떠는 것을 즐겼던 나는 훈련과 경기가 끝난 뒤에 찾아오는 적막을 견디기 힘들었다. 그래서 일본에 있는 동안 숙소에 도착하면 항상 노트북으로 한국의 예능 프로그램을 플레이해놓고 계속해서 한국말이 들려오도록 하면서 외로움을 달랬다.

일본에서 두 시즌(2009-11)을 보낸 뒤 더 큰 세계를 향한 목마름이 시작될 즈음 튀르키예 리그의 페네르바흐체 SK로부터 입단 제의가 들어왔다. 그 무렵 튀르키예 여자 배구 리그는 투자를 확대하면서 전 세계의 좋은 선수들을 끌어들이고 있었다. 그중에서도 가장 적극적인 팀이 페네르바흐체 SK였다. 당시 페네르바흐체 SK의 감독은 그 당시부터 오늘날까지도 브라질 국가대표팀의 감독을 맡고 있는 제 호베르투(Ze Roberto)였는데, 대표팀 경기에서 뛰는 나를 눈여겨본 그가 구단에 나를 영입할 것을 적극적으로 추천한 덕분에 아주 좋은 조건으로 입단 제의가 들어온 것이었다.

오늘날 세계 최고의 여자 배구 리그를 놓고 투표를 한다면 이탈리아 리그와 튀르키예 리그가 막상막하를 이룰 것이다. 이탈리아 리그는 한때 부침을 겪기는 했지만 꽤 오랫동안 최고의 자리를 지켜온 전통적인 강자인 반면, 튀르키예 리그는 적극적인 투자로 빠르게 성장한 신흥 강호라고 할 수 있다. 특히나 내가 페네르바흐체 SK로 옮길 무렵 튀르키예 리그에는 세계에서 내로라하는 다양한 국적의 스타 선수들이 집결한 상태였다. 그야말로 배구의 메이저 리그라 할 수 있었다. 나는 한국에서 프로에 데뷔한 뒤 3년 연속 MVP로 선정되고, 공격과 수비 등 각종 지표에서 항상 상위권에 랭크되었으며, 하위권에 있던 일본의 JT 마블러스를 우승으로 이끄는 등 어디에 내놓아도 뒤지지 않을 활약을 펼쳤지만, 배구 강국이 즐비한 아메리카와 유럽의 에이스급 선수들 틈바구니에서 내가 어떤 모습을 보일지는 미지수였다.

그 시간에 속해 있을 때는 서럽고 힘겨웠지만 세월이 지난 뒤에 돌이켜보면 애틋한 추억으로 떠오르고는 일들이 있다. 나에게는 페네르바흐체 SK로 이적한 초창기가 그런 시간 중의 하나였다.

　처음 선수들과 대면했을 때 환영은 해주었지만 당혹스러울 정도로 문화의 차이가 커서 적응이 쉽지 않았다. JT 마블러스 선수들로부터 환대를 받았던 때와는 너무나도 딴판이었다. 게다가 훈련 도중에 편을 나누어 경기할 때 애매한 위치에 공이 떨어져 실점을 하면 대체로 나에게 책임을 묻는 듯한 분위기였다. 비슷한 상황이 계속되자 나는 적극적으로 내 입장을 어필하며 강하게 나갔고, 그런 일은 차츰 줄어들었다. 하지만 한동안 나는 선수들과 깊이 어울리지 못한 채 지내야 했다.

　숙소에 돌아가면 처음 일본으로 갔을 때와 상황이 비슷했다. 그야말로 적막강산이었다. 그래도 걱정했던 것과 달리 일본 사람들은 처음부터 따뜻하게 맞아주었고, 멀리서 온 손님을 향한 배려가 자연스럽게 느껴졌다. 하지만 튀르키예가 유럽에 가깝고 팀의 선수 구성도 서구 중심이어서 그런지 페네르바흐체 SK의 분위기는 한층 더 프로페셔널했다. 개인의 시간과 팀 훈련이 명확히 구분되어 있었고, 많은 것이 체계적으로 운영되는 느낌이었다. 한국에서부터 '으쌰으쌰' 분위기를 이끌고 즐겨온 나로서는 여러 가지가 낯설 수밖에 없었다. 그러면서도 한편으로는 세계적인 선수들과 같은 팀이 되어 함께 플레이를 펼친다는 사실이 설레었고, 내가 그런 선수들과 어깨를 나란히 할 만큼 성장했다는 점이 신기하게 느껴지기도 했다.

처음 팀에 적응하지 못할 때 가장 많은 힘이 되어준 친구는 터키 출신인 에다 에르뎀 듄다르(Eda Erdem Dündar)였다. 1987년생으로 나보다 한 살이 많은 에다는 내가 페네르바흐체 SK에서 뛰기 시작한 처음부터 끝까지 룸메이트였다. 또다른 친구가 있다면 브라질 출신인 파비아나 클라우디누(Fabiana Claudino)였다. 나보다 세 살이 많은 파비아나는 이때 처음 해외에 진출한 상태였다. 영어 실력이 나보다 형편없다 보니 그녀 역시 팀 내의 다른 선수들과 쉽게 어울리지 못했다. 우리는 한국어와 포르투갈어(브라질은 포르투갈어를 쓴다), 어설픈 영어와 바디랭기지를 섞어 소통했는데, 구단 식당 같은 곳에서 둘이 한창 떠들고 있으면 다른 선수들이 다가와 도대체 너네는 어떻게 이야기를 주고받느냐며 신기해하고는 했다.

다행히 튀르키예에서의 낯설고 불편한 시간은 그리 오래가지 않았다. 같이 경기를 뛰고 원팀을 이루어가는 과정에서 나는 소속 팀 선수들이 매우 상냥한 사람들이라는 사실을 깨달았다. 처음의 그 서먹하고 데면데면했던 모습들은 모두 언어 장벽과 문화 차이에서 온 오해였을 뿐이었다. 선수들을 알아가고 우정이 조금씩 깊어지면서 페네르바흐체 SK에서의 모든 것들이 몸에 꼭 맞는 옷을 입은 것처럼 편안하게 다가왔다.

내가 입단한 2011-12시즌에 페네르바흐체 SK는 튀르키예 리그에서는 3위에 그쳤지만, CEV 챔피언스 리그에서 첫 우승을 하는 쾌거를 이루었다. CEV 챔피언스 리그는 유럽 배구 연맹이 주관하는 클럽 대항 리그로, 유럽에 속한 배구 리그의 상위권 팀들이 우승을 놓고 겨룬다. 축구의 챔피언스 리그와 성격이 유사하다. 나는 2012 CEV 챔피언스 리그에서 득점왕을 차지한 데 이어 MVP를 수상하는 영예를 누렸다. 유럽 리그에서 동양인 공격수가 성공한 사례는 거의 없었다. 세계 무대에서도 나의 실력이 통한다는 사실을 알게 된 것이 나로서는 가장 큰 수확이었다.

페네르바흐체 SK와는 단년 계약을 맺었기 때문에 2011-12시즌을 보낸 뒤 새로운 팀을 물색해야 했다. 당시 튀르키예와 마찬가지로 배구 리그의 발전을 꾀하며 투자를 확대한 아제르바이잔과 러시아에서도 오퍼가 들어오는 등 여러 개의 선택지가 앞에 놓여 있다. 하지만 나는 2012년 런던 올림픽 예선을 겸하는 FIVB(국제배구연맹) 월드 그랑프리 대회 이후에 팀을 결정할 계획이었다.

그런데 악재가 닥쳤다. 흥국생명이 느닷없이 나의 소유권을 주장하고 나선 것이었다. 전혀 생각지 못한 상황이었다. 내가 위에서 밝힌 세 번째 불행이 내 인생에도 그늘을 드리운 것이었다.

소위 '김연경 계약 파동'이라고 하는 사건의 전말을 이해하기 위해서는 2가지 사항을 알아야 한다. 하나는 한국배구연맹(KOVO)의 FA 규정이고, 다른 하나는 국제배구연맹의

FA 규정이다.

　FA(free agent·자유 계약 선수)란 특정한 팀에 소속된 운동선수가 일정한 기간 동안 소속 선수로서 계약을 성실히 이행했을 때 다른 팀과 자유롭게 계약을 맺을 수 있는 제도를 뜻한다. 프로 리그를 운영하는 스포츠 종목은 개별적으로 선수가 FA 자격을 얻을 수 있는 기간을 정하고 있는데, 우리나라 여자 배구 리그에서 FA 자격을 취득하기 위한 기간은 고졸 선수인 경우는 6년, 대졸 선수는 5년이다(다만 우리나라 여자 배구에서 대졸 선수를 찾기는 어렵다). 그러니까 A라는 고졸 선수가 B라는 팀의 소속으로 여섯 시즌을 뛰었다면, 이후에는 자유 계약 선수 신분을 획득하여 B 이외의 다른 팀과 자유롭게 계약을 맺을 수 있는 것이다.

　그렇다면 나와 흥국생명 핑크스파이더스는 왜 마찰을 빚었을까? 이미 독자들도 알다시피 나는 흥국생명 소속으로 2005-06시즌부터 2008-09시즌까지 네 시즌을 뛴 뒤 일본의 JT 마블러스로 팀을 옮겼다. 여기서 의문이 들 것이다. '왜 김연경은 여섯 시즌이 아니라 네 시즌만 뛰고 FA 자격을 얻었을까?' 답은 간단하다. 내가 흥국생명에서 JT 마블러스로, 다시 페네르바흐체 SK로 팀을 옮길 때 완전 이적을 한 것이 아니라 임대 이적을 했기 때문이다. 부연하자면, 당시 나는 흥국생명에서 4년 동안 선수 생활을 한 뒤에 여전히 흥국생명 소속으로서 JT 마블러스의 유니폼을 입고 2년, 페네르바흐체 SK의 유니폼을 입고 1년을 더 뜀으로써 FA 자격을 얻을 수 있는 기간인 6년을 넘어 7년을 채운 것이었다. 그러니까 내가 한국에서 뛴 4년 외에 나머지 3년 동안 흥국생명은 김연경이라는 선수를 JT 마블러스와 페네르바흐체 SK에 빌려준 셈이었다. 그래서 JT 마블러스의 임대 선수로 뛰던 2010년에는 일본 리그를 마친 뒤 한국으로 돌아와 흥국생명 선수로 KOVO컵 대회에 출전하여 팀의 우승을 이끌고 대회 MVP로 선정되기도 했다. 이러한 일은 내가 원 소속 팀인 흥국생명의 선수였기에 가능한 것이었다.

그리고 튀르키예 리그에서 2011-12시즌을 마친 뒤 페네르바흐체 SK는 처음 입단할 때보다 더욱 파격적인 조건으로 2년 계약을 제시했다. 다른 리그에서의 오퍼도 있었지만, 페네르바흐체 SK에서의 선수 생활이 만족스러웠던 나는 그 제안을 수락하고 계약을 체결하려 했다. 그런데 느닷없이 흥국생명이 나의 소유권을 주장하고 나서며 은근히 아제르바이잔 리그의 팀과 계약할 것을 권유했다. 내가 해외에서 뛴 3년은 흥국생명 핑크스파이더스에서 직접 뛴 것이 아니어서 계약 기간으로 볼 수 없기에 내가 외국의 다른 팀과 계약하기 위해서는 구단의 허락을 얻어야 한다는 논리를 편 것이다.

그럼 이번에는 국제배구연맹의 FA 규정을 들여다보자. FIVB는 선수가 어떤 리그의 소속으로서 그 리그가 정한 규정을 적용받기 위해서는 선수와 리그에 속한 구단 사이에 체결한 계약서가 존재해야 한다고 정하고 있다. 그렇지 않을 경우 선수의 자유 계약 선수(FA) 신분을 보장한다. 나의 예를 들자면, 흥국생명이 나의 소유권을 주장하기 위해서는 국제배구연맹이 정한 규정에 따라 흥국생명과 나 사이에 체결한 계약서가 있어야 한다. 그런데 나와 흥국생명 사이의 계약 기간은 2012년 6월까지였다. 따라서 국제배구연맹의 규정에 따르면 2012-13시즌부터 나는 흥국생명에 소속되지 않기 때문에 외국 구단과 계약함에 있어 흥국생명의 허락을 얻을 의무가 없었다.

당시 나의 '신분'을 두고 흥국생명과 내가 갈등을 빚은 가장 중요한 원인은 대한배구협회와 한국배구연맹이 임대 선수에 대한 규정을 미처 마련하지 못한 것이었다. 2005년 프로 배구 리그가 시작된 뒤 FA 기간을 채운 선수가 이제 하나둘 나타나기 시작할 무렵이었고 선수의 해외 진출 사례도 없었기에 규정이 미비한 것은 어쩔 수 없는 일이었다. 다만 이럴 때는 국제배구연맹의 규정을 따르는 것이 상례다. 그리고 국제배구연맹의 규정에 따르면 나와 흥국생명 간의 계약은 2012년 6월로 만료되었기에 내가 FA 신분을 얻는 데에 아무런 장애가 없었다.

그런데 반전이 일어났다. 나의 신분에 대해 담당했던 국제배구연맹 담당자가 여전히 내가 흥국생명 소속이라는 내용의 메일을 보내온 것이었다. 나와 흥국생명 사이에 맺은 계약의 효력이 만료되었는데 왜 그 담당자는 그런 메일을 보냈을까? 그것은 '합의서' 때문이었다.

나는 흥국생명과의 갈등을 좁히기 위해 대한배구협회의 중재 아래 서로의 입장을 정리한 합의서를 작성했다. 당시 대한배구협회장과 흥국생명 핑크스파이더스 단장, 내가 각각 서명하여 2012년 9월 7일 작성한 합의서의 내용을 요약하면 아래와 같았다.

1. 현 KOVO 규정상 김연경 선수는 원 소속 구단인 흥국생명 소속이며, 이를 토대로 해외 진출을 추진한다.
2. 금번(2012-13시즌 당시) 해외 진출 기간은 2년으로 하며, 이후 국내 리그에 복귀한다.
3. 해외 진출 구단의 선택권은 소속 구단과 선수의 제안을 받고 협회의 중재 하에 서로의 의견을 존중하여 결정한다.
단, 국제기구나 법률적 판단이 완성될 경우 그 결정에 따르기로 한다.

합의서에 의하면, 나는 여전히 흥국생명 소속 선수였고, 따라서 해외에서 뛰기 위해서는 흥국생명의 동의를 얻어야 하며, 2012-13시즌과 2013-14시즌을 해외에서 뛴 이후에는 한국의 V 리그에 복귀해 다시 흥국생명 소속 선수로 뛰어야 했다. 나로서는 불합리하다고 여겨지는 부분이 적지 않았지만, 더 이상의 잡음을 원치 않았기에 이와 같은 내용의 합의서에 서명을 한 것이었다. 물론 국제기구(국제배구연맹)가 나의 신분에 대해 명확한 해석을 내리거나 법률적으로 나의 FA 자격이 충족되었다는 판단이 명백한 경우에는 그 결정에 따른다는 부가 사항이 있었으나, 국제기구나 법률적 판단이 나에게 불리한 방향으로 내려질 것이라는 우려는 크지 않았다. 그리고 나와 흥국생명, 대한배구협회는 어떤 결정이 내려지기 전까지 이 합의서를 절대로 공개하지 않기로 구두 약속했다.

그랬는데, 국제배구연맹의 담당자가 느닷없이 내가 흥국생명 소속 선수라는 내용의 메일을 보내온 것이다. 이유가 무엇이었을까? 흥국생명이 나와 흥국생명 사이의 계약이 유효하다는 근거로 합의서를 제출한 것이었다. 또 한편으로 대한배구협회는 대한민국 배구 리그의 발전을 위해 김연경의 소속 구단을 흥국생명으로 해달라고 국제배구연맹에 요청하기까지 했다(이 일은 2012년 국정 감사를 통해 드러났다). 합의서를 공개하지 않기로 한 약속을 어겼을 뿐만 아니라, 국제기구의 판단을 자신들에게 유리하게 끌어내기 위해 로비를 한 것은 명백히 불공정한 행위였다.

엄청난 배신감을 느끼지 않을 수 없었다. 갈등을 빚는 동안 흥국생명의 처사가 부당하다고 생각하면서도 나로서는 국내 배구 리그와 팀을 존중해서 많은 것을 덮었고, 불이익을 감당하면서도 수용할 부분은 수용했다. 그런데도 뒤통수를 맞는 상황에 처했다. 나는 선수 생명을 걸고 싸우지 않을 수 없었다.

　이후에 벌어진 일들에 대해서 더는 자세히 이야기하지 않겠다. 당시의 갈등에 대해 내 입장만을 이야기한다면 그것은 비겁한 행위일지도 모른다. 게다가 당시의 상황을 자세하게 밝힐 수도 없다. 왜냐하면 어떤 법적 공방에는 양측의 입장이 첨예하게 대립하기에 누가 옳고 그른지를 따지기 위해서는 사안의 전말을 구구절절 상세하게 밝혀야 하는데, 내가 당시 흥국생명의 입장이나 의도를 정확하게 알 수는 없기 때문이다. 다만 소위 말하는 '김연경 계약 파동'은 국제배구연맹의 판단을 얻기까지 2년 가까이 걸렸고, 배구 선수이자 한 사람의 존재로서 내 삶을 마음대로 할 수 없는 속박에 갇혀 있는 동안 나는 심적으로, 육체적으로 무척 힘든 시간을 보내야 했다. 게다가 페네르바흐체 SK로부터 세계 최고의 대우를 보장한다는 내용을 골자로 하는 계약에 합의하고도 사인을 할 수가 없었다.

　특히나 흥국생명과 마찰을 빚기 시작한 2012년 여름에 런던 올림픽이 열릴 예정이었다. 이미 한국의 언론을 통해 나와 흥국생명 간의 갈등이 파다하게 퍼져 있었다. 주변에서는 내가 계약 문제로 위축되어 제 기량을 발휘하지 못할 것이라고 우려했다. 하지만 우리 여자 배구 대표팀은 런던 올림픽에서 아무도 예상하지 못한 '사고'를 쳤다.

나는 배구 선수다. 배구 선수는 배구로 이야기해야 한다. 흥국생명과의 공방이 나의 많은 부분을 짓누르고 있었지만, 경기장에서는 배구 선수 본연의 책임과 역할을 다해야 했다.

런던 올림픽에서 어떤 일이 일어났는지는, 아시는 분들은 아실 것이다. 4년 전인 2008년 베이징 올림픽 본선 진출에 실패했던 대한민국 여자 배구는 이후 세계 선수권 대회와 월드 그랑프리 등의 메이저 대회에서 꾸준히 승수를 쌓고 본선 진출을 결정짓는 경기에서 극적인 승리를 거두어 올림픽 티켓을 확보했다. 런던 올림픽 즈음에 우리나라 여자 배구는 세계 랭킹 15위를 마크하고 있었다.

올림픽 본선에는 모두 12팀이 출전한다. A조와 B조에 각각 6팀이 편성되어 조별 리그를 치러서 8강에 진출할 4팀을 가리는데, 우리나라는 미국(세계 1위), 브라질(세계 2위), 중국(세계 3위), 세르비아(세계 7위), 튀르키예(세계 8위)와 함께 B조에 속했다. 최악의 조 편성이었다. 세계 랭킹 1·2·3위가 같은 조에 묶이다니, 그런 조에 세계 랭킹 15위인 대한민국이 속하다니…… 그야말로 죽음의 조였다. 어느 누가 봐도 우리나라의 8강 진출을 낙관할 수 없는 상황이었다.

하지만 우리나라 대표팀은 객관적 전력의 열세에도 불구하고 브라질을 3 대 0으로 셧아웃시키고 세르비아를 3 대 1로 격파하는 파란을 일으키며 8강에 진출했고, 8강전에서는 이탈리아를 12년 만에 꺾으며 4강에 진출했다. 아쉽게도 4강전에서 세계 최강 미국에 패배하고 동메달 결정전에서는 일본에 져 메달 획득에 실패했다. 그러나 우리보다 전력이 앞선 팀들을 상대로 엄청난 파이팅을 보여준 여자 배구 대표팀은 국민의 큰 응원과 찬사를 받았다.

그리고 개인적으로 나는 런던 올림픽에서 큰 영예를 누렸다. 올림픽 기간 동안 펼친 8경기에서 모두 207점의 득점을 올려 득점왕에 오른 것이었다. 2위인 미국 선수보다 무려 46점 차이가 나는 압도적인 1위였다. 이러한 활약으로 인해 대회 MVP로 선정되었다. 우리나라 선수가 세계 대회에서 MVP로 선정된 사례는 1973년 FIVB 월드컵에서의 고 조혜정 선생님이 유일했는데, 39년 만에 내가 그 뒤를 이은 것이었다. 물론 우리나라 선수가 올림픽 MVP로 선정된 최초의 사례였다.

런던 올림픽의 파급 효과는 매우 컸다. CEV 챔피언스 리그의 MVP를 수상한 데 이어 올림픽 MVP까지 거머쥐자 '김연경 계약 파동'을 바라보는 국민과 정치권의 여론이 다소 내게 유리한 방향으로 흘러가기 시작했다. 물론 이전에도 나를 지지하는 분들이 많았지만, 런던 올림픽에서 우리 여자배구 대표팀이 선전함으로써 나는 보다 큰 응원을 받을 수 있었다.

하지만 흥국생명과의 법적 공방은 해결될 기미를 보이지 않았고, 중재에 나서야 할 대한배구협회와 한국배구연맹은 미온적인 태도를 취했다. 대한민국 국적의 배구 선수가 해외의 팀과 계약하기 위해서는 대한배구협회의 동의를 받아 국제배구연맹으로부터 국제 이적 동의서(ITC·International transfer certification)를 발급받아야 하는데, 상황이 불투명하여 협회는 차일피일 동의를 미루었다. 그러다가 2012년 10월 말이 되어서야 여론에 떠밀려 ITC 발급에 동의했고, 그제야 나는 페네르바흐체 SK와 2년 계약을 맺을 수 있었다.

결론적으로 국제배구연맹은 2014년 2월에 내가 자유의 몸이 되었음을 공식 인정했다. 이러한 결정을 얻어내기까지 나의 에이전트와 페네르바흐체 SK는 변호인단을 구성하여 지속적으로 국제배구연맹과 소통하며 문제 해결을 위해 노력했다. 2012년 시즌이 끝난 뒤 불거진 문제가 2014년 초에 이르러서야 해결된 것이었다. 이후 나와 페네르바흐체 SK와의 인연은 2016-17시즌까지 이어졌다. 무려 여섯 시즌을 함께한 것이다.

페네르바흐체에서 뛰는 동안 튀르키예 리그에서 2년 연속 득점왕을 차지하고(2013-14, 2014-15) MVP를 수상했으며(2014-15), 정규 리그와 플레이오프, 컵대회, CEV 챔피언스 리그 등에서 우승하는 기쁨을 누렸다. 결론적으로 나는 세계 최고의 여자 배구 리그 중 하나인 튀르키예 리그에서 성공적인 선수 생활을 했다.

현재의 삶을 내 마음대로 누릴 수 없고 내 의지대로 미래를 꿈꿀 수 없으며 인생의 방향을 내 뜻대로 결정할 수 없는 엄혹한 시간을 지나는 동안 참 많이 힘들었다. 당시 나를 측

은하게 여긴 팬들 중 많은 분이 차라리 외국으로 귀화하여 더 좋은 환경에서 선수 생활을 하라고 조언해주었다. 물론 나는 그렇게 할 생각이 손톱만큼도 없었다. 상황을 지켜보면서 얼마나 답답했으면 그런 말을 하셨을까. 어떤 날에는 화와 짜증이 머리끝까지 치밀어서 살짝 미치광이가 되기도 했다. 하지만 곧 마음을 가다듬고 어떻게든 이 시간을 견뎌야 한다고 나 자신을 다독거렸다. 그리고 나의 사적인 문제가 경기력에 악영향을 미치지 않도록 철저히 경계했다. 정신이 몸을 지배한다고, 내 내면의 고통이 어쩔 수 없이 몸을 굳게 만들기도 했겠지만 경기장에서는 조금도 티를 내지 않기 위해 노력했다는 사실만큼은 당시 나를 지켜본 팬들께서 알아주었으면 좋겠다.

누구나 모든 일이 투명하고 명백하기를 바란다. 일에 관해서든, 연애에 관해서든, 인간관계에 관해서든, 돈 문제에 관해서든 말이다. 하지만 때때로 인생은 마치 안개에 가려진 듯 내일의 전망을 흐리게 만들고 미래를 불확실성 속으로 내몬다. 이 '애매하고 모호한 시간'에 걸려들면 내가 아무리 의지를 굳게 다지고 상황을 호전시키려 노력해도 좀처럼 벗어나기 힘들다.

스포츠계에는 구단과의 계약 파동으로 인해 선수 생활을 접은 유망주가 꽤 많다. 많은 기대를 받는 유망주일수록 여러 이해관계에 얽혀 들어서 계약과 관련한 나쁜 일을 겪는 빈도수가 높은 편이다. 이런 일이 생겼을 때 대체로 선수는 약자의 입장에 처하게 된다. 선수와 구단 사이에서 중재를 해야 할 협회와 연맹은 대체로 구단의 편을 들어주는 편이고, 구단은 대승적 차원에서 사건의 실마리를 풀기보다는 내가 가질 수 없다면 아무도 가질 수 없다는 식의 횡포를 부리는 일이 잦기 때문이다. 이런 상황을 견디다 못한 많은 스포츠 유망주들이 조기 은퇴를 선언하고 운동장을 떠났다.

'다 때려치우고 싶다!'

나 역시 그런 유혹을 느꼈다. 난장판으로 전개되는 막장 드라마에 은퇴라는 파국의 마침표를 찍어버리자는 나쁜 생각이 부지불식간에 머릿속에 파고들었다. 그때마다 손바닥으로 가슴을 지그시 누르며 숨을 골랐다. 이 또한 지나가리라. 이 또한 지나가리라. 이 또한 지나가리라. 애매모호한 시간이 지나가고 난 뒤의 즐거운 나날을 상상했다. 한껏 자유로운 몸과 마음으로 네트 위로 솟아오르는 나를 머릿속에 그렇다. 이 또한 지나가리라…….

우리를 괴롭히는 그 모든 시간은 언젠가 지나간다. 끝이 없을 것 같은 터널은 결코 영원하지 않다. 버티고 견디면 그 모든 일은 지나간 과거가 된다. 아무리 거센 힘이 나를 뒤흔들고 내 앞을 가로막아도 지금 가고 있는 그 길이 나의 길이라면 끝까지 이겨내야 한다.

"어떻게 세계 최고의 선수가 되셨어요?"

언젠가 한 어린 배구 선수가 묻는다면 나는 이렇게 답할 것이다.

"포기하고 싶을 때, 그때 그만두지 않았기에 그렇게 될 수 있었단다."

계속 가라. 그만두지 않으면 끝나지 않는다.

고통스럽다기보다는 짜증이 나서
그만두고 싶을 때가 있다.
내 힘으로는 아무것도 할 수 없는
무력감에 빠져들 때도 있다.
이럴 때 가장 현명하고 용감한 대처는
무작정 견디며 그 잔인한 시간이
지나가기를 기다리는 것이다.
때로는 버티는 것이
가장 적극적인 행동일 때도 있다.

10

차라리 꼰대가 되겠습니다

세상에 떠도는 거짓 신념에 관하여

지금 세상에는 우리의 희망을 꺾고 열정을 식혀버리는
수많은 부정적 메시지들이 난무하고 있다.
그리고 많은 사람들이 그러한 메시지에 기대어
자기 자신의 나태함과 탐욕을 정당화한다.
하나만 기억하자!
지금 무엇이든 시작하면 꿈을 이룰 가능성이 조금이라도 생기지만,
아무것도 하지 않으면 목표에 도달할 가능성은 제로가 된다.

전통 윤리

유사 도덕

노력

2022년 친정 팀인 흥국생명 핑크스파이더스에 돌아온 이후 세 시즌을 뛰었다. 그사이에 매년 고등학교를 갓 졸업한 어린 선수들이 드래프트를 통해 새롭게 팀에 합류했다. 나이 차가 20년 가까이 나는 까마득한 후배들 앞에 서면 나도 모르게 어린 조카를 바라보는 '이모 미소'를 짓고는 한다.

운동하는 선후배 관계는 묘한 구석이 있다. 해병대원이 기수가 높은 선임에게 깍듯이 대하듯 운동 후배들도 선배를 대할 때는 일반적인 선후배 관계를 넘어서는 예의를 차린다. 또래들끼리 까불거리다가도 선배가 나타나면 바짝 군기가 들어서 각을 잡는다. 선배도 후배 앞에서는 괜스레 목에 힘이 들어간다. 그래도 서로 몸으로 부딪치고 같은 길을 간다는 동업자 정신이 바탕에 깔려 있어서 챙길 때는 엄청 챙긴다. 표면적으로는 운동선수 선후배 사이가 꽤나 엄격해 보여도, 후배는 앞서 길을 개척한 선배를 존중하고 선배는 자신의 뒤를 잇는 후배를 아끼는 마음이 깊어서 알게 모르게 진한 정(情)이 깔려 있다.

내가 갓 프로에 진출하여 처음 팀에 합류했을 때도 마찬가지였다. TV에서나 보던 프로 선수들을 직접 접하니, 황송하기 그지없었다.

하지만 오래가지 않았다. 동기들이 선배들 앞에서 제대로 오금을 펴지 못한 반면 나는 특유의 장난기와 투덜거림으로 운동 선후배 사이의 단단한 벽을 야금야금 갉아먹었다. 일부러 의도했거나 작정해서 나온 행동은 아니었다. 격식에 얽매이는 것을 싫어하는 원래의 성격이 솔직하게 드러난 것뿐이었다. 나의 돌발적인 행동에 처음에는 다소 당황스러워하고 노여워하던 선배들도 시간이 지나서는 쟤는 원래 저러려니 하고 받아주었다.

돌이켜보면 내가 꾸준히 선수 생활을 하고 오랫동안 국가대표로 뛸 수 있었던 배경에는 선배들의 배려와 아량이 있었다. 만약 어떤 선배가 나의 응석과 장난을 버릇없는 행동으로 여겨서 크게 혼을 내거나 기강을 잡겠다고 잡도리를 했다면 나는 풀이 죽어서 기량을 제대로 발휘하지 못했을 것이다.

내가 언니 선수들의 훈훈한 애정을 먹고 자랐듯이 나 역시 후배들에게 친절한 사람이자 좋은 길잡이가 되고자 했다. 혹시라도 내 마음과 달리 누군가에게 모진 사람으로 기억되고 있지는 않은지 때로는 두려운 마음이 든다.

까마득한 선배로서 신입 선수들과 후배들에게 격의 없이 다가가려고 노력하지만, 때로는 어쩔 수 없는 세대차를 실감할 때가 있다. 보통 한 세대[generation]를 따질 때는 30년 정도의 시간차를 말하는데, 요즘에는 단 몇 년만 차이가 나도 소통하기가 쉽지 않다. 세상을 바라보고 현상을 수용하는 관점과 태도가 왜 그리 다른지 당황스러울 때가 자주 있다. 하긴, 기원전 수천 년 전까지 거슬러 올라가는 고대 문명의 유적지에서도 '요즘 젊은 것들이란……'이라는 내용의 낙서가 발견된다고 하니, 젊은 세대와 기성세대 간의 괴리는 인류의 오랜 숙제인가 보다.

우리에게는 예로부터 내려오는 수많은 속담과 격언이 있다. 주로 삶의 지혜를 짧은 문장에 담아 세대를 넘어 전해온 말들이다. 하지만 시대가 바뀌면서 그 말들의 의미도 조금씩 달라지고 있다. 어떻게 보면 농담 같아 웃기기도 하지만 그럴수도 있겠구나 하는 생각도 잠깐 드는 말들이 있다. 예를 들면 아래와 같다.

- 노력에 배신당하지 않으려면 너무 열심히 살지 마라.
- 개천에서는 절대로 용 안 난다.
- 좋은 사람 되려다가 호구 잡히니, 만만해 보이지 않으려면 이기적으로 살아라.
- 열심히 하라는 게 아니라 잘하라는 거다.
- 돈으로 행복을 살 수는 없지만, 가난으로는 행복 근처에도 못 간다.
- 불편한 사람과는 굳이 동행하려고 애쓰지 마라.

옛사람들이 지혜를 말로 전했다면, 오늘의 사람들은 웃음 속에 현실을 담는다. 그 변화 속에는 시대의 공기와 사람들의 마음이 함께 깃들어 있는데 그만큼 사회 구조나 기회가 달라졌다는 자조 섞인 농담이기도 하다. 이처럼 새 시대의 속담은 단순한 풍자가 아니라, 현실을 반영하는 새로운 언어의 얼굴이다.

이 메시지들은 열심히 노력하면 삶을 더 나은 방향으로 이끌 수 있다는 오랜 믿음을 무너뜨리고(노력에 배신당하지 않으려면 너무 열심히 살지 마라), 타고난 환경이 불리해도 얼마든지 극복할 수 있다는 희망을 지워버린다(개천에서 절대로 용 안 난다). 타인에게 친절을 베풀고 인격을 완성해야 한다는 도덕관을 겸연쩍은 것으로 만들어버리며(좋은 사람 되려다가 호구잡히니), 다 함께 잘사는 길을 찾아야 한다는 공동체 윤리의 가치를 떨어뜨리고(만만해 보이지 않으려면 이기적으로 살아라), 결과보다는 과정을 중시해야 한다는 이상을 보잘것없어 보이게 한다(열심히 하라는 게 아니라 잘하라는 거다). 그리고 가난과 청빈의 미덕을 조롱하며(돈으로 행복을 살 수는 없지만, 가난으로는 행복 근처에도 못 간다), 진정한 승자가 되기 위해서는 모난 사람과 적을 내 편으로 만들어야 한다는 인간관계의 지혜를 성가시게 느끼도록 한다(불편한 사람과는 굳이 동행하려고 애쓰지 마라).

물론 위에서 열거한 메시지들은 미래 전망이 보이지 않고 점점 각박해져가는 세태를 고발하는 동시에 이런 세상에서 그나마 밥이라도 먹고 살려면 영악하게 행동해야 한다는 서글픈 현실을 반영하고 있다. 다만 내가 걱정하는 것은 요즘 청년들이 저 메시지들 속에 함축된 풍자를 제대로 흡수하지 못한 채 겉으로 드러난 내용과 반어적 표현을 곧이곧대로 받아들여서 나태함과 이기심을 정당화하는 구실로 삼지는 않을까 하는 점이다.

운동선수는 대체로 삶의 태도와 생각하는 방식이 보수적이다. 왜냐하면 오랜 시간 규율과 규칙을 준수하는 생활을 해왔기 때문이다. 만약 운동선수가 규율과 규칙의 권위를 인정하지 않는다면 그토록 힘든 훈련과 팀플레이에서의 역할을 제대로 소화하지 못할 것이다. 정당한 명령에 복종하여 임무를 수행하는 일을 금과옥조로 삼는 직업 군인 가운데 보수적인 성향을 가진 사람의 비율이 높은 것도 같은 이치다.

같이 운동하는 친구들과 언니들로부터 그나마 '까졌다'는 평가를 듣는 나 역시 운동선수이다 보니 보수적인 틀에서 자유롭지 못하다. 어릴 때부터 새겨들어온 전통적 윤리관에 순응하는 편이고, 운동선수가 아닌 또래들에 비해 유교적 마인드도 강한 편이다. 물론 나의 신념이나 가치관을 타인에게 강요하지는 않는다. 선택에 따른 결과를 자기 몫으로 받아들이는 한 누구나 자신이 옳다고 믿는 것을 추구할 자유가 있다고 생각한다.

그럼에도 이기주의와 결과 중심주의, 물질 숭배를 대놓고 따르는 사람을 대할 때면 당혹스럽다. 노골적으로 그런 생각을 드러내는 사람 앞에서는 표정이 굳어지기도 한다. 옳고 그름의 경계가 명백한 문제 앞에서 '뭐, 그럴 수도 있지.'라고 뜨뜻미지근한 태도를 취할 수는 없기 때문이다. 특히 다른 것은 몰라도 노력에 관한 한 내가 나름 '전문가'라고 말할 수 있기 때문이다. 나의 비판과 충고가 젊은 친구들에게는 혹시 '꼰대질'로 비칠지도 모르겠다. 하지만 꼰대 소리를 듣더라도 할 말은 좀 해야겠다

예전에는 노력하면 누구나 기회를 잡을 수 있다고 믿었다. 하지만 이제는 환경의 차이가 그만큼 커지고, 노력만으로는 모든 것을 이뤄내기 어려운 시대가 된 것 같다. 이럴 때 '개천에서는 절대로 용이 나지 않으니, 노력에 배신당하지 않으려면 너무 열심히 살지 마라'는 메시지가 현실감 있게 와닿는다. 어떻게 해야 할까? 내 힘으로는 이룰 수 있는 것이 아무것도 없으니, 많은 것을 포기하고 설렁설렁 살아야 할까?

이 질문에 답하기 전에 분명히 짚고 가자. 진정 우리 시대의 모든 노력이 배신을 당하는가? 정말 아무리 열심히 해도 원하는 것을 이룰 수 없는가? 우리 한 사람 한 사람이 가진 꿈은 정녕 도달할 수 없는 이상향일 뿐일까? 그리고 가장 중요한 질문! 과연 무언가에 진심을 다해 열정을 바치고 열심히 노력한 적이 있는가?

어쩌면 우리는 시대의 불안을 부추기는 수많은 메시지를 무작정 사실로 받아들이고 지레 겁을 먹고 있는지도 모른다. 또 어쩌면 그 메시지들을 나의 불만과 불평을 강화하는 구실로 삼고 있는지도 모른다.

노력해도 아무 소용이 없더라고, 결국에는 노력에 배신을 당했다고 말하는 사람들은 도대체 무엇을 꿈꾸었기에 그런 주장을 하는지 궁금하다. 도달하기 힘든 과욕을 부려놓고 그것을 이루지 못했다고 세상의 모든 노력을 싸잡아 폄훼하는 것은 아닐까? 아니, 애초에 정말 노력을 하기는 한 걸까?

내가 아는 한 노력은 절대로 배신하지 않는다. 백 퍼센트 원하는 지점으로 데려다주지는 않더라도 노력은 최소한 그 근처에 이르게 하거나 전혀 생각지 못한 방식으로 새로운 길을 열어주어서 뜻밖의 성과를 이루도록 돕는다.

자신이 쏟은 노력과 열정을 후회하는 사람은 거의 없다. 대부분의 사람이 더 열심히 하지 않은 것을 후회한다. 지레 포기하고 지금 아무것도 하지 않는다면 10년 뒤 당신은 그때 그렇게 주저앉아버렸던 10년 전의 오늘을 후회할 것이다.

허무맹랑한 것을 꿈꾸면서 그것을 이룰 길이 없다고 우울해하거나 비관하지 말자. 이 세상에 큰 영향을 미치고 나라는 존재를 세상에 알리겠다는 거창한 생각을 품기에 앞서 나 자신을 위해서 무엇을 할 것인가를 먼저 생각하자. 나를 위해 당장 무엇이든 해보겠다고 마음을 먹는 바로 지금이, 당신이 가장 위대해지는 순간이다.

배구 선수 '김연경의 신화'가 시작된 지점은 고등학교 2학년 때였다. 중학교 3년 동안 나는 많은 시간 후보 선수였고, 세터를 맡거나 레프트(아웃사이드 히터), 수비형 라이트(아포짓)로 뛰고는 했지만 수비에 중점을 두고 훈련했다. 졸업을 앞두었을 때까지 경기에 제대로 나선 적이 없어서 고등학교에서 선수 생활을 이어갈 수 있을지 걱정해야 했다.

    하지만 다행스럽게도 고등학교 진학을 걱정할 필요는 없었다. 우리 학교(원곡 중학교) 배구부의 성적이 좋은 편이어서 그런지 후보 선수인 나에게도 여러 고등학교에서 스카우트 제안이 들어온 것이었다. 이 책을 읽는 독자들께서는 의문을 가질 것이다. 경기에서 제대로 뛴 적도 없는 선수의 무엇을 보고 그 고등학교 감독들은 김연경을 데려가려 했을까? 여러 이유가 있을 수 있겠지만, 중학교의 감독님과 코치님이 나에 대해서 잘 얘기해준 영향이 컸을 것이라고 생각한다.

    내가 중학생일 때, 배구 선수로서의 미래를 걱정하는 막내딸 때문에 엄마가 학교에 찾아왔던 일을 기억할 것이다. 그때 감독님께서는 이렇게 말했다.

"체육관에서 공 소리가 나서 누구지 싶어 가보면 어김없이 연경이에요. 아주 독한 구석이 있어요. 저렇게까지 하는데 뭐라도 해내겠다 싶습니다."

어쩌면 감독님과 코치님은 고등학교의 스카우트 관계자들에게도 비슷한 말을 했을 것이다.

'내 제자 중에 김연경이라는 아이가 있거든요. 지금 당장은 키가 작은 편이어서 주전으로 뛰지는 못하겠지만, 팔다리가 길쭉한 게 곧 키가 쑥쑥 자랄 거예요. 그리고 걔가 아주 독한 구석이 있어요. 다른 애들 다 쉴 때 혼자 훈련을 한다니까요. 후보 선수인데도 제일 열심이에요. 한번 살펴봐주시죠.'

결과적으로 나는 배구 명문인 한일전산여고로 향했다. 당시 한일전산여고의 교감이셨던 황명석 선생님이 나의 장래성을 보고 감독님과 코치님을 설득했다는 이야기를 나중에 듣게 되었다.

한 가지 알려지지 않은 이야기를 하자면, 고등학교에 진학할 무렵 나는 당장 주전으로 뛸 수 있는 서문여고로 가려고 했다. 중학교 내내 후보로 지냈던 설움을 걷어내고 싶었기 때문이다. 하지만 중학교 은사님께서 강력하게 한일전산여

사람의 의지를 꺾는
부정적인 메시지에 쉽게 현혹되는 이유는
그 말들이 우리의 나태함과 게으름에
구실을 제공하기 때문이다.
내가 지금 잘 안 풀리는 것은 내 탓이 아니라,
전적으로 세상이 잘못되었기 때문이라는 메시지는
너무나 달콤해서 진실이라고 믿고 싶어지게 만든다.

고를 권했다. 당장은 주전으로 뛸 수 없겠지만, 배구 잘하는 학교에 가야 내가 더욱 성장할 수 있다고 판단하셨던 것이다. 그리고 나는 은사님의 제안을 따랐다. 그런데 이게 신의 한 수가 되었다. 오래지 않아 서문여고 배구부가 해체되었기 때문이다. 내가 만약 서문여고로 갔다면 배구부 해체와 함께 나 역시 선수로서의 입지가 크게 흔들렸을 것이다. 어쨌든 내가 한일전산여고 배구부로 진학할 수 있었던 것은 후보에 머물러 있으면서도 멈추지 않았던 노력 덕분이었다.

중학생일 때도 그랬고 고등학교에 진학해서도 동기와 선배로부터 '정말 열심히 하는 아이'라는 말을 많이 들었다. 내가 노력한다는 사실은 내가 가장 잘 알았다. 그리고 내 주변의 많은 사람이 그렇게 인정했다. 프로 선수가 된 뒤에도 같은 평가를 받았다. 그러한 평가가 나를 더 높은 곳으로 향하게 한 디딤돌이 되었다. 재능만 믿고 훈련을 등한시했다면, 나는 어느 팀에서도 환영받지 못했을 것이다. 물론 경기 중에 동료 선수들의 파이팅을 끌어내지도 못했을 것이다. 그리고 선수위원과 홍보 대사 등 프로 선수가 된 뒤에 찾아온 여러 가지 역할들은 내 몫이 되지 않았을 것이다.

앞서 이야기한 것처럼 안타깝게도 우리의 노력이 항상 원하는 결과를 만들어내는 것은 아니다. 모든 과정이 성공적인 결과로 이어지는 것도 아니다. 하지만 아무것도 하지 않는다면 원하는 목표에 다가갈 확률은 제로이지만, 노력한다면 그 가능성을 크게 높일 수 있다. 그리고 무언가를 열심히 하고 노력을 쏟는 과정 속에서 우리는 성장해가고, 전혀 기대하지 않고 예기치 않았던 수많은 가능성이 우리의 삶 속에서 새롭게 문을 연다.

나는 노력을 믿는다. 노력은 결코 배신하지 않는다는 사실을 강하게 믿는다. 노력이 어떤 결과를 만들어내는지 나는 내 삶을 통해 생생하게 목격했다. 그것은 결코 나에게만 일어난 특별한 사건이 아니었다.

노력의 가치를 모르는 사람들의 말에 현혹되지 말자. 노력의 진정한 힘을 경험하지 못한 이들의 얄팍한 메시지에 굴복하지 말자. 꿈꾸는 바를 향해 달려가는 모든 사람의 삶에는 생동감 넘치는 가능성이 꿈틀거린다. 무언가를 해내겠다고, 그러기 위해 당장 할 수 있는 것들을 하나하나 해나가겠다고 마음먹은 지금 이 순간, 당신의 삶에 수천 갈래 길을 열어줄 가능성이 잉태되었다.

나 자신을 위해 무언가를 하겠다고
마음먹은 지금 이 순간,
당신의 인생에는 수천 갈래의 새로운 가능성이
줄기를 뻗기 시작했다.

CHAPTER 3

우리는 모두 자신의 세계를
만들어가고 있다

11

사람은 결코 몸값으로 기억되지 않는다

사람의 사회적 성공이 갖는 가치와 의미

공동체와 타인에게 해악을 끼치는데도
재산이 많으면 인정을 받고
선한 영향력을 보여도
가난하면 루저 취급을 받는 사회는
크나큰 위기에 직면한 것이다.
사람을 평가하는 기준은
사회적 지위나 재력이 아니라,
그 사람이 보여주는 '플레이'여야 한다.

몸값
성공의 대가
업적

2009년 일본 JT 마블러스에 입단함으로써 해외에서 뛰기 시작한 이후 줄곧 일본과 튀르키예, 중국에서 선수 생활을 이어갔다. 그러다가 2020년, 나는 2020-21 시즌을 앞두고 친정팀인 흥국생명 핑크스파이더스로 복귀했다. 이유는 분명했다. 도쿄 올림픽을 앞두고 최선을 다하고 싶었기 때문이다. 올림픽은 원래 2020년에 개최돼야 하지만 코로나 팬데믹으로 인해 1년 연기되면서 준비 과정은 더 길고 무거워졌다. 유럽 리그에 남는다면 리그 일정상 시즌 종료가 늦어 국가대표 훈련에 집중하기가 쉽지 않았다. 또한 한국으로 돌아오면 가족과 가까이 지내며 심리적인 안정도 얻을 수 있다는 점 역시 큰 이유가 되었다. 복귀의 결정에는 현실적인 고려도 있었지만, 동시에 올림픽을 가장 의미 있게 맞이하고 싶다는 나의 간절한 바람도 담겨 있었다.

홍국생명에 재입단할 때 내가 받은 3억 5,000만 원의 연봉이 화제가 되었다. 왜냐하면 2018년에 튀르키예의 엑자시바시 비트라와 2년 계약(2018-20)을 맺으면서 받은 연봉이 우리나라 돈으로 20억 원이 넘었기 때문이다. 몸값을 5분의 1 이상 깎은 이유는 우리나라 V 리그에 적용되는 샐러리 캡(salary cap)이라는 제도 때문이다. 한국 여자 배구의 경우 한 팀이 소속 선수 전원에게 지불할 수 있는 연봉의 총액을 18억 원으로 제한했다(2025년 현재 29억 원으로 상향되었다). 튀르키예 엑자시바시 비트라에서 내가 받은 연봉만으로도 이미 샐러리 캡의 상한선에 걸렸다. 때문에 내가 연봉에 욕심을 내게 되면 다른 선수의 연봉을 줄일 수밖에 없었다. 그래서 3억 5,000만 원에 도장을 찍은 것이다.

프로 스포츠 선수는 연봉으로 스스로를 증명한다는 말이 있다. 연봉은 실력에 따른 보상일 뿐 아니라 선수의 레벨과 자존심을 보여주는 지표이기도 하다. 하지만 올림픽을 앞둔 나에게 연봉은 최우선 순위가 아니었다. 최우선 순위는 뛰어난 경기력이었다.

요즘엔 식당에서 음식을 잔뜩 먹고는 값을 치르지 않은 채 달아나는 사람과 그런 행위를 두고 '먹튀'라고 부르는데, 원래 이 말은 스포츠계가 원조다. 지난 시즌의 성적을 바탕으로 고액 연봉의 다년 계약을 체결한 뒤로 이전의 기량을 전혀 발휘하지 못하는 운동선수를 가리키는 말이다.
　스포츠계에서 먹튀가 나오는 이유가 뭘까?
　첫 번째는 선수가 부상을 숨긴 경우다. 격렬하게 몸을 쓰는 운동선수의 대부분이 크고 작은 부상에 시달리는데, 경기를 제대로 뛸 수 없을 정도로 심각한 상태에 있으면서도 그런 사실을 숨기고 계약을 체결하는 경우가 있다. 천문학적인 액수의 돈이 오가는 주요 스포츠 종목의 리그는 물론 요즘 모든 프로팀에서는 선수와 계약을 맺기 전에 메디컬 테스트(medical test)를 통과해야 계약을 진행하지만, 이 테스트에서 부상 여부를 파악하지 못한 채 계약을 맺는다면 구단은 엄청난 손실을 감당해야 한다. 선수가 자신에게 신체적 결함이 있다는 사실을 알면서도 대형 계약을 체결하는 것은 명백한 기만행위이지만, 구단에게도 메디컬 테스트에서 잡아내지 못한 책임이 있기 때문에 선수가 법적 제재를 받는 일은 거의 없다. 물론 우리나라 프로 배구계에서 이런 일은 거의 없다. 다만 선수의 몸 상태가 좋지 않은데도 구단이 선수의 이름값만 보고 계약을 체결한 뒤로 선수가 회복하지 못하거나 예전의 실력을 보여주지 못한 경우는 있다.

두 번째는 중압감이다. 고액 연봉을 받는 만큼 거기에 상응하는 역할을 해야 한다는 심리적 부담이 운동선수의 몸을 위축시킨다. 이런 경우 대체로 선수들은 각고의 노력을 기울인 끝에 슬럼프에서 탈출하여 원래의 기량을 회복하지만, 길어지는 슬럼프에서 벗어나기 위해 무리하게 몸을 쓰다가 큰 부상으로 이어지거나 약물에 의존하기도 한다. 이럴 때 선수들은 별 활약도 펼치지 못한 채 결국 은퇴 수순을 밟는다. 구단으로서는 손해가 이만저만 아니다.

세 번째가 가장 빈번하게 일어나는 일로, 선수가 대형 계약을 체결한 뒤 동기 부여를 잃고 좌초되는 경우다. 가까운 예로 미국 프로 야구 메이저 리그 팀인 볼티모어 올리올스의 크리스 데이비스를 들 수 있다. 2008년 텍사스 레인저스를 통해 메이저 리그에 데뷔한 그는 2011년 볼티모어 오리올스로 이적한 뒤 엄청난 활약을 펼쳤다. 2012년부터 거포

본능을 발휘한 크리스 데이비스는 2013년 53홈런과 138타점을 기록하여 홈런왕에 등극했고, 2015년에도 47개의 홈런을 쳐서 다시 홈런왕에 올랐다. 한마디로 세계 최고의 야구 리그인 메이저 리그를 대표하는 홈런 타자가 된 것이다. 이에 볼티모어 오리올스는 그를 팀에 붙잡아두기 위해 2016년 계약 기간 7년에 총 연봉 1억 6,100만 달러(한화 약 2,300억 원)라는 초대형 계약을 맺었다.

하지만 만 30세에 불과했던 크리스 데이비스는 이때부터 뚜렷한 하향세를 보였다. 2018년에는 타율 0.168로 규정 타석을 채운 메이저 리그 타자들 가운데 꼴찌를 기록했다. 2019년에도 54타수 연속 무안타를 기록하는 등 극심한 슬럼프에서 벗어나지 못했다. 그러다가 2021년 계약 기간을 채우지도 못하고 돌연 은퇴를 선언했다. 볼티모어 오리올스는 2037년까지 그에게 매년 140만~350만 달러의 급여를 지급해야 한다.

리그 최고의 홈런 타자가 이처럼 급격히 추락한 이유가 무엇일까? 대부분의 먹튀가 그러하듯, 돈방석에 앉은 뒤로 운동선수로서 추구해야 할 목표와 동기를 잃었기 때문일 수도 있다. 솔직히 나로서는 잘 이해가 되지 않는다. 운동선수의 목표가 어떻게 '돈'일 수 있는가.

물론 운동선수는 엄연한 직업이고, 실력에 따라 합당한 대가를 받아야 한다. 운동선수의 연봉이 다른 직군의 직장인에 비해 높은 이유는 몸을 쓰는 특성상 은퇴 시기가 빨리 찾아오기 때문이다. 게다가 대부분의 운동선수가 운동 외에는 별다른 장기가 없기 때문에 젊은 시절에 최대한 수입을 올려야만 은퇴 이후에 안정적인 삶을 보장할 수 있다. 크리스 데이비스는 '홈런왕'이라는 타이틀에 걸맞은 대우를 받았다. 문제는 그다음이었다. '엄청난 수입'이라는 비빌 언덕이 생기자 운동선수로서의 길을 잃은 것이다.

크리스 데이비스를 비롯하여 대형 계약을 맺은 뒤 먹튀로 전락한 운동선수들에게 아쉬운 점이 이것이다. 운동선수가 도전해야 할 목표 지점은 항상 '최고의 플레이'여야 한다. 나이가 들면서 기량이 쇠할 수는 있지만, 나이와 신체의 한계를 넘어서는 최고의 플레이를 펼치기 위해 노력해야 한다. '정상'이나 '최고'라는 수식어와 고액 연봉은 최고의 플레이를 향해 노력하는 동안 따라오는 부가 사항일 뿐이다. 최고의 플레이라는 최우선 가치의 자리를 돈에게 넘겨주는 순간, 돈이 충족되면 거기에서 멈출 수밖에 없다.

앞서 말했듯 프로 운동선수는 몸값으로 자신을 증명한다고들 한다. 하지만 대중은 존경할 만한 운동선수를 떠올리면서 그가 연봉을 얼마나 받았는가는 기억하지 않는다. 그가 어떤 플레이를 펼쳤고 우리에게 어떤 감동을 주었는지를 기억할 뿐이다.

몸값으로 개인을 평가하는 분위기는 오히려 운동선수가 아닌 일반인 사이에서 더욱 뚜렷하게 나타난다. 몸값으로 타인을 평가하고 몸값을 통해 자신이 지닌 사회적 지위와 영향력을 과시하려고 하기 때문이다.

운동선수의 연봉은 언론이나 구단의 홈페이지를 통해 공개되기 때문에 비교적 선명하다. 반면에 일반인이 자신의 수입을 공개하는 일은 드물기 때문에 그가 사는 동네와 집, 타고 다니는 자동차, 입고 다니는 옷, 갖고 다니는 시계와 가방 등으로 몸값을 추정하게 된다. 이외에 출신 학교와 직장 등도 그 사람의 몸값을 추정하는 잣대가 될 수 있다.

플렉스(flex)라는 말이 유행하고 있다. 원래의 뜻은 '구부리다'이지만, '(팔 근육을 구부려) 힘을 과시하다'로 의미가 확대되었고, 오늘날에는 비싸고 사치스러운 물건을 걸치거나 해외의 여행지와 고급 식당에 다녀온 사진 등을 SNS에 올려서 자신의 소비력을 과시하는 행태를 나타내는 의미로 쓰이고 있다. 특히나 요즘 젊은이 중 일부는 외제 자동차 앞에서 포즈를 취하거나 아예 고액권의 돈다발을 들고 찍은 사진을 올려서 자신의 부(富)를 과시하고 자랑하기도 한다. 또 어떤 사람들은 골프장에 가면서 여러 벌의 옷을 미리 준비해서 홀마다 갈아입으며 다른 옷을 입은 사진을 찍고 난 뒤 시간차를 두고 SNS에 올려서 마치 자신이 자주 골프장을 찾는 것처럼 가장하기도 한다. 그만큼 부를 추구하고 추종하는 사람이 많기 때문에 타인의 부러움을 삼으로써 쾌감을 느끼려는 것이다.

누구나 경제적으로 부유해지고 싶어 한다. 돈이 많음을 자랑하는 것이 부끄러운 일도 아니다. 하지만 사람을 평가하는 기준을 부의 정도에 두고 과도하게 재력을 과시하려고 하면 삶의 깊이가 얕아진다.

많은 사람들이 자신의 소비력을 과시하고, 그 폐단으로 일부의 젊은이들이 카푸어의 길을 걷는 이유는 우리 사회가 과도하게 몸값을 중시하기 때문이다. 학력과 경력을 위조하는 사람들 역시 마찬가지다. 꾸며내거나 과장해서 자신의 몸값을 부풀려 주위로부터 인정받으려는 것도 문제지만, 몸값이 높아 보이는 사람 앞에서 주눅이 드는 심리도 문제다. 운동선수의 최우선 가치가 최고의 플레이여야 하듯, 인생이라는 경기에 나서는 일반인도 내가 어떤 플레이를 펼칠 것인가에 집중해야 한다. 또한 그 사람의 겉을 치장하고 있는 브랜드가 아니라, 그 사람이 어떤 사람인가를 두고 평가해야 한다.

실패를 두려워하는 만큼 성공 앞에서도 겸허해야 한다. 한 번 성공했다고 해서 살림살이를 키우면 그 살림살이를 유지하느라 계속 돈에 얽매일 수밖에 없기 때문이다.

1년에 5,000만 원을 벌던 사람이 어느 해 운 좋게 5억 원을 벌었다고 가정해보자. 그 사람은 수입이 늘어난 만큼 좋은 환경을 누리기 위해 땅값이 비싼 동네의 큰 아파트로 집을 옮긴다. 대출 이자가 만만치 않지만, 자신의 수입으로 그

겉을 치장하는 것들에 가치를 부여하고 평가하면
학력이나 재력, 소비재의 브랜드로 계급을 매기게 된다.
이런 인식이 해로운 이유는 물질적 기준에 따라
자신과 타인의 위치를 결정함으로써
수직적 인간관계를 당연한 것으로 여기게 되기 때문이다.

정도는 감당할 자신이 있다. 하지만 이렇게 환경을 바꾸면 당장의 집값과 이자만 지불하는 것이 아니다. 주차장에 주차된 고급 차들을 보면서 자기도 비싼 차로 바꾸어야겠다는 생각을 하게 된다. 집이 커진 만큼 관리비도 늘어난다. 덩달아 아이들 교육비를 비롯하여 전반적인 생활비가 늘어날 수밖에 없다. 이렇게 커진 생활비를 감당하기 위해 더 많은 돈을 벌어야 한다.

온라인 게임과 비슷한 상황이다. 레벨이 낮을 때는 코인을 적게 얻어도 구입할 수 있는 아이템의 가격이 낮기 때문에 그럭저럭 게임을 해나갈 수 있다. 레벨이 올라가면 얻을 수 있는 코인이 늘어나는 것과 동시에 레벨에 어울리는 아이템을 구입하기 위해서 더 많은 코인을 지불해야 한다. 나중에는 코인이 모자라서 '현질(게임 아이템을 구입하기 위해 현금을 지불하는 행위)'을 해야 한다. 어느 순간 게임에 필요 이상으로 지출하고 있다는 사실을 깨닫지만 이때가 되면 더 이상 물러설 수가 없다. 그동안 바친 시간과 올려놓은 등급이 아깝기 때문이다.

살림살이도 마찬가지다. 내가 일시적으로 수입이 늘었다고 해도 그걸 과시하기 위해 생활의 몸집을 키우는 건 위험한 일이다. 덩치가 커진 살림살이를 유지하지 못해서 큰 집에서 작은 집으로 옮기는 순간 사람은 좌절을 경험하게 되고, 함께 살아가는 식구들도 같은 감정에 사로잡힌다. 같은 아파트의 25평짜리 집으로 이사를 한 사람이라도, 그전에 살던 집이 40평이었던 사람과 20평이었던 사람이 느끼는 감정은 다르다. 20평에 살던 사람이 25평 아파트를 구하면 뿌듯함을 느끼는 반면 40평에 살던 사람이 25평으로 옮기면 패배감에 휩싸인다.

재력으로 스스로를 과시하는 사람의 또 다른 문제점은 나보다 재력이 약한 사람 앞에서는 군림하려 하고 나보다 재력이 높은 사람 앞에서는 바짝 엎드린다는 점이다. 왜냐하면 스스로 정한 재력이라는 기준으로 사람에 등급을 매기고 철저히 그 등급에 따라 자신의 태도와 행위를 결정하기 때문이다.

이때 등장하는 것이 '갑질'이다. 회사의 직원이 사장에게, 아파트 경비원이 입주민에게 갑질했다는 소식은 들어본 적

없을 것이다. 갑질은 나보다 못한 것처럼 여겨지는 사람에게만 행한다. 그러한 행위의 이면에는 재력이나 사회적 지위로 사람에게 등급을 매기고, 나보다 등급이 아래인 사람에게는 함부로 해도 된다는 그릇된 마음이 도사리고 있다.

만약 사람을 평가하는 기준이 재력이나 지위가 아니라 그 사람이 하는 행동과 마음가짐, 조직과 사회에 기여하는 역할이라면 어떨까? 이런 경우에는 존경과 인정이 있을 뿐 상하 구분이 생기지 않는다. 우리나라에서 가장 땅값이 비싼 최고급 아파트에 사는 사람이라도 이 세상에 좋은 영향력을 미치는 사람을 드높이고 존경할 수 있는 세상이야말로 좋은 세상이 아닐까. 그 사람의 '몸값'이 아니라 '플레이'를 보고 평가하는 사회가 올바른 사회가 아닐까.

운동선수가 추구해야 할 최고의 가치가 경기력이듯, 사람은 누구나 이 세상을 아름답게 만드는 데 이바지하고 스스로 행복을 추구하는 모습으로 평가받아야 한다. 어떤 사람이 이 세상에 악영향을 미치는데도 몸값과 사회적 지위가 높다는 이유만으로 대접받는다면 그 사회는 심각한 위기에 직면한 것이다. 선을 행하고 올바른 가치를 실현하는 사람이 몸값이 낮다는 이유로 배척당한다면 옳은 일을 행하려는 사람이 급격히 줄어들 것이다.

어릴 때 교과서에서 이런 문장을 접한 적이 있다.
'기업은 이익을 최우선으로 한다.'
지속적으로 이익이 발생해야만 기업이 존립할 수 있다는 의미에서는 맞는 말이다. 하지만 지금 와서 생각해보면 위의 문장은 일면의 진실만 담고 있는 것 같다.
기업이 이익만을 추구한다면 불법이나 환경 파괴를 자행하면서 벌어들인 이익도 정당화된다. 회사 직원의 복지는 깡그리 무시한 채 오로지 수익을 위해 노동력을 쥐어짜는 행위 역시 정당화된다. 때문에 위의 문장은 이렇게 바뀌어야 하지 않을까?
'기업은 이익을 추구하는 동시에 환경과 사회 발전, 구성원의 행복에 기여해야 한다.'
요즘 들어 기업들이 환경 보전과 공생을 경영 가치로 표방하는 점은 다행스러운 일이다.
사람도 마찬가지다. 단순히 현재의 몸값으로 그 사람을

평가해서는 안 된다. 그 사람이 그러한 몸값을 형성하기까지 어떤 일을 했는지를 보아야 한다. 투기나 불법 행위로 자산을 쌓고, 그 자산을 바탕으로 사회적 지위를 누리고 있는데도 그 사람을 부러운 시선으로 바라보거나 존경할 만한 사람으로 포장하는 일은 인류가 수천 년 동안 쌓아온 인격과 도덕의 가치를 모독하는 일이다.

몸값은 내가 노력하여 성취한 업적에 대한 정당한 대가일 뿐이다. 우리가 평가해야 할 요소는 몸값 그 자체가 아니라, 그가 그 몸값에 어울리는 노력을 얼마나 기울였고 업적과 성과를 이루었는가 하는 점이다. 선하고 진실한 노력으로 만든 몸값이 아니라면, 그것은 한때의 신기루일 뿐이다. 운동선수와 마찬가지로, 사람은 결코 몸값으로 기억되지 않는다.

우리가 마땅히 존경하며 우러러보아야 할 것은
사회적 성공 그 자체가 아니라, 성공에 이르는 과정과
그 성공이 이 세상에 끼치고 있는 영향력이어야 한다.

12

세상을 바꾸는
아름다운 마음들

내가 '우리'를 위해 뛰는 이유

멀리 가기 위해선 함께 가야 한다는 말은 진리다.
타인을 배척하고 적을 만드는 사람은
자신의 인생에 스스로 고립이라는 함정을 파는 꼴이다.
타인의 불행 앞에서는 나의 행복이 완전해질 수 없다.

친절
이타심
사랑

몸에 오소소 소름이 돋고 코끝이 시큰해지는 순간이 있다. 이러한 신체 반응은 단순히 '기분이 좋다'를 초월하는 어떤 감정이 충만할 때 나타난다. 운동선수라면 팀이 극적인 승리를 거두었거나 승리하는 데 내가 결정적인 기여를 했을 때 그처럼 감정이 고양된 상태에 빠진다. 일상으로 범위를 넓히면, 감동적인 영화 또는 공연을 보았을 때나 기가 막히게 멋진 자연 풍경을 접했을 때, 새삼스럽게 가족의 사랑과 친구의 우정이 진하게 느껴질 때 그런 경험을 하게 된다.

예전에는 이 특별한 감정의 정체를 제대로 알지 못했고, '소름 돋는 순간'에 대해서도 깊이 생각해보지 않았다. 서른 중반에 이르러서야 그 특별한 경험이 드물게 찾아오는 인생의 경이로운 선물이라는 사실을 깨달았다. 그리고 그 경이로운 순간을 만들어내는 가장 중요한 요소가 '사람'임을 알게 되었다. 그 계기가 된 사건을 겪은 때는 2021년에 있었던 2020 도쿄 올림픽이었다.

대한민국 여자 배구 대표팀이 올림픽에서 가장 좋은 성적을 올린 때는 동메달을 목에 걸었던 1976년 몬트리올 올림픽이다. 이후 오늘날까지 올림픽에서 아직 메달을 얻지는 못했지만, 우리 대표팀은 세계 최정상급의 강팀을 위협하는 다크호스로서 국제 대회에서 항상 경계의 대상이 되었다. 지역 예선을 통과하지 못해서 본선에 진출하지 못한 적도 더러 있지만, 올림픽과 세계 선수권 대회, 배구 월드컵 등의 메이저 대회에서 꾸준히 세계 랭킹을 상회하는 성적을 거두었다(대표팀 세대교체의 과도기 속에 2025년 10월 현재 우리나라 여자 배구의 세계 랭킹은 40위 밖이지만, 1970년대부터 2021년까지는 10~20위권을 유지했다).

2005년 처음 성인 국가대표팀에 선발된 이후 지금까지 나는 3번의 올림픽에 출전했다. 본선 진출을 앞둔 최종 예선에서 탈락한 탓에 2008년 베이징 올림픽에는 참가하지 못했지만, 2012년 런던 올림픽에서 우리 여자 배구 대표팀은 모두의 예상을 깨고 4위에 올랐고, 2016년 리우데자네이루 올림픽에서는 5위를 마크했다. 특히 런던 올림픽에서는 몬트리올 올림픽의 영광을 재현하려는 문턱에서 좌절되어 안타까움이 컸다. 그리고 전 세계적인 코로나 팬데믹으로 1년 연기된 2021년에 2020 도쿄 올림픽이 개최되었다.

2021년 당시 나는 34살이었다. 운동선수라면 누구나 은퇴를 고민할 나이다. 나 역시 선수 생활을 이어나갈지 말지 많은 생각이 따랐다. 그때 나는 1~2년 더 선수 생활을 이어가더라도 국가대표에서는 그만 물러나자는 결정을 내렸다. 그러니까 도쿄 올림픽은 나로서는 마지막 올림픽이자 태극 마크를 달고 나서는 마지막 세계 대회이기도 했다. 그만큼 대회에 임하는 마음가짐이 남달랐다.

도쿄 올림픽에서 여자 배구는 세계 대회와 지역 예선을 통해 올라온 열두 팀이 A와 B조에 각각 여섯 팀씩 배정되어 조별 풀리그를 펼친 뒤 각 조의 4위 이상 여덟 팀이 토너먼트를 펼친다. 우리나라는 브라질, 세르비아, 도미니카 공화국, 일본, 케냐와 함께 A조에 속했다.

도쿄 올림픽 직전이었던 2021년 7월 기준으로 세계 1위는 미국이었고, 그 뒤를 중국, 브라질, 튀르키예, 일본, 도미니카 공화국, 이탈리아, 네덜란드, 러시아, 세르비아가 차례로 잇고 있었다. 대한민국은 14위였다. A조에 속한 팀 가운데 우리나라보다 순위가 낮은 팀은 케냐뿐이었다. 순위만 놓고 보았을 때 우리나라가 조별 예선을 통과하기란 어려워 보였다. 하지만 우리가 누군가? 올림픽에서만큼은 항상 객관적인 평가를 뒤엎고 예상 밖의 성적을 거두어온 끝까지 포기하지 않은 사람들 아닌가!

A조 풀리그 1차전에서 세계 3위인 브라질을 맞은 우리 대표팀은 세트 스코어 0 대 3으로 패배했다. 고군분투했지만, 세계 랭킹에서도 드러나는 객관적 전력 차이를 극복하지 못했다. 2차전은 우리보다 순위가 낮은 케냐였고, 기대대로 세트 스코어 3 대 0으로 이겼다. 3차전에서는 세계 6위인 도미니카 공화국을 맞아 풀세트까지 가는 접전 끝에 3 대 2로 승리했다.

4차전은 일본(세계 랭킹 5위)과의 대결이었다. 한일전이라면 가위바위보를 하더라도 사생결단의 각오로 임하는 것이 한국인의 인지상정이다. 게다가 올림픽 바로 직전에 있었던 대결에서 우리 대표팀은 일본에 0 대 3으로 완패했기에 설욕해야 했고, 8강전 진출을 위해서도 반드시 이겨야 하는 경기였다.

배구 경기는 모두 5세트를 치르는데, 한 팀이 먼저 3세트를 이기면 승리를 한다. 1세트부터 4세트까지는 25점을 먼저 내는 팀이 이기고, 5세트는 15점을 내야 한다. 물론 모든 세트에는 듀스가 적용된다. 우리나라와 일본은 4세트까지 2 대 2로 접전을 펼치고 마지막 파이널 세트에 돌입했다. 우리 대표팀과 일본 양쪽 다 사활을 건 경기였다. 5세트 내내 피를 말리는 시소게임이 이어졌다. 그러다 막판에 이르러 승기가 일본 쪽으로 기울었다. 12 대 14. 한 점만 내주면 패배였다. 그런데 그때부터 기적이 일어났다. 벼랑 끝에서 내리 4점을 따내며 경기를 뒤집은 것이었다. 드라마틱한 막판 역전승! 이날 한국에서는 그야말로 난리가 났다는 소식을 나중에 들었다.

일본전을 승리하면서 조별 리그의 마지막 경기인 세르비아전의 승패에 관계없이 우리는 조 3위로 8강전에 진출했다.

8강전 상대는 세계 랭킹 4위인 튀르키예였다. 튀르키예의 여자 배구 리그는 이탈리아와 함께 1~2위를 다툴 만큼 시장 규모가 크다. 전 세계의 최정상급 선수들이 뛴다. 여자 배구계의 프리미어 리그나 메이저 리그라 할 수 있다. 그만큼 튀르키예는 여자 배구의 강국이다. 도쿄 올림픽 8강전에서 맞붙기 전까지 우리나라는 튀르키예를 상대로 2승 7패를 기록했는데, 2010년 이후로는 여섯 번을 싸워서 6연패를 당하는 중이었다. 세계 랭킹으로 보나, 상대 전적으로 따지나 우리가 크게 열세였다.

    2021년 8월 4일, 4강 진출을 결정하는 운명적인 대결이 펼쳐졌다. 우리 대표팀은 1세트를 내준 뒤 2세트와 3세트를 내리 따내면서 앞섰으나 4세트를 내주면서 세트 스코어 2 대 2가 되었다. 파이널 세트. 일본전 때와 마찬가지로 손에 땀을 쥐는 시소게임을 펼친 끝에 우리 팀이 15 대 13으로 승리했다. 2012년 런던 올림픽 이후 다시 4강에 진출한 것이었다.

    승부의 세계는 냉혹하다. 승자의 기쁨 뒤에는 패자의 슬픔이 따르기 마련이다. 하지만 그날 우리나라에 진 튀르키예 선수들이 눈에 띄게 낙담해서 나는 승자의 기쁨을 제대로 누리지 못했다. 올림픽 기간 내내 경기에 집중하느라 미처 몰랐는데, 당시 튀르키예는 전 국가적인 비상사태에 있었다. 7월 28일부터 모두 240건의 대형 산불이 동시다발적으로 발생하여 국토의 상당 부분이 큰 피해를 입은 것이었다. 튀르키예 대표 선수들은 실의에 빠진 자국의 국민에게 승리를 안겨주겠다고 약속했으나 그 약속을 지키지 못해 크게 낙담한 것이었다.

튀르키예 여자 배구 리그는 나와의 인연이 아주 깊다. 2011-12시즌부터 2016-17시즌까지 튀르키예의 페네르바흐체 SK에서 여섯 시즌을 뛰었고, 중국에서 한 시즌(2017-18)을 보낸 뒤 튀르키예로 복귀해 엑자시바시 비트라에서 두 시즌(2018-19, 2019-20)을 더 뛰었다. 그러니까 총 여덟 시즌 동안 튀르키예에서 선수 생활을 했다. 그만큼 튀르키예를 향한 애정이 깊었다. 그런 나라가 엄청난 고통을 겪고 있다는 사실을 알고는 마음이 아팠다.

그때 한국에 있는 팬들로부터 튀르키예에 묘목을 보내는 캠페인을 진행하고 싶다는 연락이 왔다. 팬들은 캠페인에 내 이름을 사용해도 되는지 물었고, 나는 흔쾌히 수락했을 뿐 아니라 나 역시 묘목 기증에 힘을 보탰다. 이후 수많은 대한민국 국민이 묘목 기증 사업에 동참했다.

우리 국민의 '빨리 빨리' 근성은 이때도 십분 발휘되었다. 8월 4일에 튀르키예전을 치른 뒤 캠페인 분위기가 조성되었는데, 불과 사흘 뒤인 8월 7일에 모두 9만 그루의 묘목이 접수되었다(최종적으로 12만 그루를 기증했다). 다시 그로부터 열흘 뒤인 8월 17일 튀르키예의 환경연대는 한국에서 보내온 묘목으로 '한국-튀르키예 우정의 숲'을 조성할 계획이라고 밝혔다.

이 일련의 과정을 지켜보면서 나는 새삼 인간의 위대함을 느꼈다. 거창하고 대단한 업적을 이루어야만 위대한 것이 아니다. 타인의 아픔에 공감하고 기꺼이 그들을 위해 손을 내어주는 작은 행위 하나하나가 위대하다. 지금은 입적하신 법정 스님은 이렇게 말씀하셨다. '친절이 가장 위대한 종교다.' 옳다. 남을 존중하고 위하는 마음이 모든 선한 종교가 지향하는 출발점이자 마지막 지점이다. 나는 팬들과 우리 국민이 보여준 따뜻한 마음을 접하면서 몸에 오소소 소름이 돋는 경이로운 순간을 경험했다. 세상을 사랑하는 그 마음이야말로 아름다움 그 자체였다.

도쿄 올림픽에서 우리나라 여자 배구 대표팀의 여정은 4위로 막을 내렸다. 결승 진출을 다투는 4강전에서 우리는 브라질에 0 대 3으로 완패했다. 이후 동메달 결정전에서는 세르비아에 다시 0 대 3으로 패했다. 몬트리올 올림픽의 영광을 재현하지는 못했지만, 상대적 열세에도 불구하고 투혼을 보여준 대표팀은 한국 국민의 큰 사랑을 받았다. 태극 마크를 달고 마지막으로 나선 올림픽에서 '메달'이라는 목표를 달성하는 데는 실패했지만, 나의 마지막 국제 무대였던 도쿄 올림픽을 계기로 여자 배구가 관심을 끌고 수많은 국민의 응원과 지지를 받았음에 나는 개인적으로 만족했다.

이후 나는 한국으로 돌아온 뒤 대한배구협회에 국가대표 은퇴 의사를 밝혔고, 2021년 8월 12일 협회는 나의 은퇴 소식을 공식 발표했다. 이로써 2005년부터 16년 동안 이어온 국가대표 커리어에 마침표를 찍었다.

도쿄 올림픽을 준비하기 위해 한국 선수들과 호흡을 맞추느라 2020-21시즌을 우리나라의 흥국생명 핑크스파이더스에서 뛴 나는 올림픽 이후 중국의 상하이 브라이트 유베스

친절은 이 세상의 어떤 위대한 업적보다도 더욱 위대하다.
타인과 함께 평화롭고 행복하게 살아가고자 하는 마음이
모든 선하고 위대한 일의 바탕이기 때문이다.

트에서 한 시즌을 뛰었다(2021-22).

이제 남은 일은 내가 언제까지 선수 생활을 할 것인가 하는 문제였다. 이때 나는 흥국생명 핑크스파이더스로 복귀하는 결정을 내렸는데, 그 이유는 '우승'이었다.

흥국생명은 내가 프로 선수로 데뷔한 '친정'이다. 흥국생명에서 프로 선수로 첫 네 시즌을 뛰는 동안 리그 우승 3회와 챔피언 결정전 우승 3회라는 성적을 거두었다. 일본과 튀르키예, 중국의 리그에서 뛰다가 올림픽을 앞두고 복귀했던 2020-21시즌에 흥국생명은 아쉽게도 정규 리그와 챔피언 결정전에서 모두 2위에 머물러야 했다. 선수 생활의 마지막을 흥국생명의 우승과 함께 마무리하고 싶다는 욕망이 컸다. 그래서 2022-23시즌에 나는 다시 흥국생명 핑크스파이더스로 돌아갔다.

2022-23시즌이 후반부에 이르렀던 2023년 2월 6일, 튀르키예에서 리히터 규모 7.8의 대지진이 일어나 엄청난 피해가 발생했다는 안타까운 소식이 들려왔다. 2021년 여름에 일어난 대형 산불의 아픔이 채 가시기도 전에 또다시 국가의 존망을 위협하는 자연재해가 덮친 것이었다.

당시 흥국생명 핑크스파이더스는 정규 리그에서 압도적 1

위를 달리는 중이었다. 튀르키예에서 지진이 일어난 다음 날 우리 팀은 라이벌 현대건설을 3 대 0으로 이겼고, 나는 그날 수훈 선수 인터뷰를 진행했다. 흥국생명이 라이벌 팀에 완승을 거두었지만, 내 표정은 밝을 수 없었다. 고통을 겪고 있을 튀르키예 사람들의 모습이 눈앞에 있는 듯했다. 인터뷰를 진행하는 동안 나는 튀르키예에 도움의 손길을 내밀어달라고 국민들에게 호소했다. 뿐만 아니라 SNS를 통해서도 알리고, 어떻게 도움을 줄 수 있는지 방법을 안내하기도 했다.

우리 정부는 소방대원을 튀르키예에 급파했다. 우리나라 소방대원들과 구조대원들은 현지에서 몸을 아끼지 않으며 맹활약하여 튀르키예 국민의 뜨거운 찬사를 받았다. 구조 작업을 일단락한 우리 대원들이 한국으로 돌아가는 비행기에 올랐을 때, 튀르키예인들이 한국어로 감사 인사를 전하는 깜짝 영상이 공개되었는데, 이때 눈시울을 붉히는 우리 대원들의 모습은 참으로 감동적이었다.

그리고 우리나라와 튀르키예의 이야기는 여기서 끝나지 않는다.

튀르키예의 비극이 일어나고 얼마 지나지 않은 2023년 4월 중순 아프리카 수단에서 군부 세력 간에 충돌하여 내전이 일어났다. 우리 정부는 수단의 수도 하르툼에 머물고 있던 우리 교민 28명(모두 29명이었는데, 한 사람은 수단에 남겠다는 결정을 했다)을 구출하기 위해 공군 공정통제사를 비롯한 특수 부대와 항공기를 급파했다. 하지만 내전 상황이라 교민들을 실어 나를 항공기가 하르툼까지 접근할 수 없었다. 이에 구출 작전에 투입된 특수 부대는 하르툼에서 항공기가 있는 포트수단까지 1,200킬로미터를 육로로 이동하는 계획을 세웠다. 작전명은 '프라미스(promise·약속)'였다. 위기에 처한 우리 교민을 반드시 구해내겠다는 의지가 담긴 이름이었다.

    하르툼에서 포트수단까지 이동하는 길은 그야말로 위험천만한 여정이었다. 지리에 어두울 뿐 아니라 도로의 대부분이 구불구불한 흙길이었다. 게다가 수단은 원래 치안이 불안정한 데다 내전까지 발생해 무정부의 혼란 상태였다. 언제 어디서 어떤 위험이 닥친다 해도 이상할 것이 없는 최악의 상황이었다.

이때 우리 정부의 교민 구출 작전에 여러 나라가 힘을 보태어주었는데, 특히 큰 힘이 되어준 두 나라가 있었다. 아랍에미리트는 육로로 이동하는 우리 군인과 교민들의 눈과 귀가 되어 비교적 덜 위험한 안정적인 경로를 안내하는 역할을 맡았을 뿐 아니라 우리 교민의 안전을 보장받기 위해 반군 세력과 협상을 진행해주었다. 이때 아랍에미리트와 함께 우리 교민을 호송하는 작전에 큰 역할을 한 나라가 튀르키예였다.

우리나라와 튀르키예는 서로를 '형제의 나라'라고 부른다. 튀르키예와 우리나라의 이러한 관계는 6·25 한국전쟁 때 튀르키예가 군사 원조를 하면서 시작되었지만, 사실상 두 나라의 인연은 약 1,500년 전으로 거슬러 올라간다. 우리 역사책에도 자주 등장하는 돌궐족이 바로 튀르키예 국민 대다수를 이룬 투르크족이다. 몽골고원과 만주 지역의 유목 민족으로 우리와 이웃하며 지냈던 돌궐족은 동아시아의 패권을 차지하려는 민족 간 분쟁에서 밀려나 중앙아시아를 거쳐 오늘날 튀르키예가 자리 잡은 아나톨리아반도로 이주했고, 그곳에서 번성하여 한때 오스만-투르크라는 대제국을 건설했다. 지금 투르크족은 중동인 특유의 생김새를 하고 있지만,

만주와 몽골고원에서 살던 당시의 돌궐족은 아마도 우리 민족이나 몽골인과 외모가 유사했을 것이다.

한국전쟁 때 튀르키예가 우리나라를 위해 군대를 파견한 것도, 우리가 2021년 산불과 2023년의 지진 피해 때 튀르키예를 도운 것도 어떤 보답을 바라고 한 행동은 아니었다. 그저 어려운 처지에 빠진 이들을 돕겠다는 순수한 마음에서 비롯된 것이었다. 이처럼 타인의 아픔과 어려움에 공감하여 행하는 작은 선행이 쌓여서 친절의 선순환이 이루어지고, 이러한 흐름은 훗날 뜻하지 않은 상황에서 놀라운 결과를 만들어낸다.

가끔 나 자신에게 묻는다. "연경아, 너는 왜 이렇게 열심히 살고 있니?" "천근만근 몸이 무거운 상황에서도 왜 다시 경기장에 나서니?"

그럴 때마다 나는 어릴 때부터 지금까지 한결같이 바로 답을 할 수 있다. 바로 내가 사랑하는 일이기 때문이라고.

어느 때부터인가 내가 하는 모든 행위에서 '나'라는 존재가 차지하는 비중이 서서히 줄어들기 시작했다. 예전에는 '나'를 위해 뛰었다. 하지만 이제는 '우리'를 위해 뛴다는 생각이 점점 뚜렷해지고 있다.

여기서 말하는 '우리'란, 흥국생명 핑크스파이더스 배구단이기도 하지만, 나를 지켜보고 응원하는 모든 팬들이기도 하며, 나를 잘 모르시는 우리 국민이기도 하고, 나아가 전 세계의 모든 사람이기도 하다. 내가 열심히 살면서 행하는 모든 올바른 일들이 아주 작게나마 파동을 일으키고 선한 영향력의 물결을 이루어 저 아프리카와 히말라야 오지의 사람들에게도 전해졌으면 하는 마음 간절하다. 어떤 책에서는 세상의 기대에 부응하려 하지 말고 나 자신을 위해서 살라고 조언하지만, 나는 '나'라는 생리적 존재를 이루고 있는 기대와 응원과 지지와 사랑을 외면할 수 없다. 김연경이라는 배구 선수가 이룬 모든 성과와 성공 이면에는, 심지어 실패와 그 실패를 딛고 일어선 과정에까지도 '우리'라는 공동체의 영향이 자리 잡고 있기에 나는 지금 우리를 위해 뛰고 있다.

우리를 생각하고 세상을 사랑하는 마음은 내 삶을 더욱 풍요롭게 만들어주었다. 그 마음이 있었기에 개인적인 탐욕 앞에서 돌아설 수 있었고, 선택의 기로에서 떳떳하고 당당한 판단을 할 수 있었다.

나로 인해 세상이 조금은 더 나은 방향으로 나아가고 있다는 생각을 해보라. 가슴 벅차지 않은가? 튀르키예에 닥친 불행을 외면하지 않는 따뜻한 마음으로 보낸 한 그루의 묘목이 자라 우정의 숲을 이루고 친절이라는 신선한 기운을 세상에 내보내고 있다.

삶이란 그런 것이다. 오늘 내가 뿌린 작은 씨앗 한 톨이 이 세상을 보다 안전하고 평화로운 곳으로 만든다. 오늘 내가 품은 착한 마음이 우리 모두를 풍요롭게 만든다. 물질만 추구해서는 결코 찾아오지 않는 감동이라는 선물이 인생이라는 시간과 공간을 보다 의미 있게 만든다.

어떤 사람의 생애는
너무나도 많은 타인에게 마음의 빚을 지고 있기에
절대로 자신만을 위해 살아갈 수 없다.
지난 나의 시간이 바로 그러했다.

13

여러분과 함께해서
나는 더욱 행복했습니다

KYK INVITATIONAL 2024

좋은 기억을 많이 가진 사람은

외롭지 않다.

좋은 친구가 있는 사람은

항상 든든하다.

국가대표
마무리
꾸준함

몇 년 전의 일이다. 튀르키예 리그에서 시즌을 마치고 한국으로 돌아와 오랜만에 전(前) 국가대표 언니들과 함께 저녁을 먹는 자리가 있었다. 한창 웃고 떠들던 중 문득 이런 말이 나온 적이 있었다.

"연경이는 데뷔 때부터 대표팀에서 중요한 역할을 많이 했잖아."

나는 손사래를 치며 대수롭지 않게 넘기려 했지만, 언니는 담담히 말을 이었다.

"그래서 우리가 너가 편하게 뛸 수 있도록 더 신경을 썼던 것 같아. 너 알고 있었어?"

그 말에 다른 언니들도 고개를 끄덕였다. 그 순간 나는 마음속 깊은 울림이 있었다. 평소처럼 농담을 던질 수도, 가볍

게 넘길 수도 없었다. 언니들의 배려와 마음이 한꺼번에 밀려와 가슴이 뭉클해졌고, 숙연해졌다.

국가대표라는 자리는 그 자체로 자부심이 크다. 모두가 각자의 자리에서 최고라는 자긍심을 갖고 있기에, 그만큼 서로에 대한 경쟁심도 있을 수밖에 없다. 그런데 그런 선수들이 어린 후배였던 나를 위해 마음을 모으고, 대표팀을 위해 배려해왔다는 사실을 뒤늦게 깨달은 것이다.

그러고 보니 떠오르는 장면이 하나 더 있다. 국가대표 경기에서 공격을 성공시키면 나는 기쁨을 주체하지 못해 코트 위를 이리저리 뛰어다니곤 했다. 그럴 때마다 언니들은 양손을 아래로 내리며 진정하라는 모양을 가끔 했다. 나는 그저 장난처럼 느끼며 "저는 이렇게 하고 싶어요!"라며 웃어넘겼지만, 사실은 혹시라도 내가 과한 세리머니를 하다가 흐름을 놓칠지 모른다는 노심초사 아니었을까 하는 생각이 든다. 하지만 언니들의 배려와 감독님, 코치님, 스태프 등등 모든 분들의 도움으로 편하게 배구에 몰입을 할 수 있도록 해주셔서 더욱 신나게 퍼포먼스까지 했던 것 같다.

나의 국가대표팀 커리어는 고등학교 2학년이었던 2004년 청소년 대표팀에 발탁되면서부터 시작되었다. 성인 국가대표로 선발된 것은 2005년 11월 15일이었다. 당시 나는 만 17세였다. 여자 배구 선수 가운데 고등학생 신분으로 성인 국가대표팀에 발탁된 세 번째 사례였다(대한민국 여자 배구의 레전드인 김화복과 박미희가 각각 1976년과 1982년에 고등학교 3학년일 때 발탁되었다).

선수 생활을 하는 동안 나는 몸을 담고 있는 팀들을 위해서 몸을 아끼지 않았지만, 내가 구성원으로 속했던 모든 팀 가운데 1순위를 꼽으라면 단연 대한민국 국가대표팀을 들 수 있다.

처음 국가대표팀에 승선했을 때는 우리나라를 대표한다는 사실 그 자체가 영광이고 기쁨이었다. 조금 지나서는 경기하러 외국에 나가는 것과 세계적인 선수들과 한판 붙어보는 것에 재미를 붙였다. 그러다가 조금 더 철이 들고 나서는 국제 대회에서 좋은 성적을 올리는 것이 곧 한국 여자 배구의 발전을 위하고 저변을 확대하는 가장 좋은 방법이라는

시간이 지난 뒤에야 알게 되는 일들이 있다.
어떤 상황에서 내가 편안함을 느끼거나
일이 잘 풀린다면,
반드시 나의 능력에 의한 것이 아니라
누군가의 친절과 배려를
입었기 때문일 수 있는 것이다.
나 한 사람의 능력만으로 할 수 있는 일은
그리 많지 않다. 우리가 이루는 성과의 이면에는
알게 모르게 타인의 도움이 작용한 경우가 많다.

사실을 깨달았다. 대표팀 누구나 그랬겠지만, 우리 대표팀이 좋은 경기를 펼치고 한 단계 도약할수록 국민의 관심이 커지고 경기장을 찾는 관중이 한 명이라도 더 늘어날 것이라는 기대를 안고 경기에 임했다. 그래서 꼭 잡아야 하는 경기를 놓친 날에는 그냥 '못했다'는 정도를 넘어 '망쳤다'는 깊은 실망과 자책감에 빠지고는 했다. 대표팀 한 사람 한 사람은 한국을 대표할 뿐만 아니라, 한국 여자 배구의 현재와 미래를 책임진다는 사명감을 품은 채 열심히 훈련에 매진하고 경기에서 최선을 다했다.

세월 앞에 장사 없듯, 언니 선수들이 하나둘 국가대표를 떠나고 대표팀에 합류한 지 10년째였던 2014년에는 내가 주장 자리를 맡게 되었다. 그리고 다시 시간이 흘러 어느새 나는 대표팀의 최고참이 되어 있었다. 나에게도 어김없이 '세월'이 닥쳐왔다. 나 역시 내려놓을 때가 다가온 것이다. 나는 2021년 도쿄 올림픽을 국가대표의 마지막 무대로 생각했다. 대회를 마친 뒤 8월 12일에 국가대표 은퇴를 공식 선언하면서 16년 가까운 국가대표 커리어에 마침표를 찍었다.

부끄러운 일이 하나 있다. 나는 아무리 힘든 상황이라도 다른 사람 앞에서 좀처럼 눈물을 보인 적이 없었다. 설움이 북받칠 때면 아무도 없을 때 혼자 숨어서 울고는 했다. 그런데 도쿄 올림픽 동메달 결정전에서 패배한 뒤 인터뷰를 하면서 나는 주책없이 카메라 앞에서 울음을 터뜨리고 말았다. 마지막 세계 대회에서 아쉽게 메달을 놓친 사실이 안타깝고 슬픈 동시에 그동안 국가대표로 뛰었던 시간들이 한꺼번에 닥쳐와 눈물샘을 자극했던 것이다.

그리고 아쉬운 점이 있었다. 나의 국가대표 은퇴를 아쉬워하는 팬들이 많은데, 그들과 자리를 함께할 수 없다는 사실이었다. 도쿄 올림픽 당시 세계는 아직 코로나 팬데믹으로 시름하고 있었다. 그래서 도쿄 올림픽의 모든 실내 경기는 무관중으로 치러졌다. 만나고 싶다는 팬들의 요청이 쇄도했지만, 그럴 수가 없었다. 2021-22시즌은 다시 한국을 떠나 중국의 상하이 브라이트 유베스트에서 뛸 예정이어서 더욱 아쉬움이 컸다(상하이 브라이트 유베스트는 2017-18시즌에도 뛴 적이 있는 익숙한 팀이었다).

2021-22시즌이 끝나갈 무렵 나는 아주 중대한 기로에 서

있었다. 당시 내 나이는 만 34세였고, 이제 슬슬 선수 생활의 마무리를 생각해야 할 때였다.

스포츠계에서는 대체로 운동선수의 에이징 커브(aging curve·선수가 나이 들어 신체 능력이 쇠퇴하는 현상)가 시작되는 시점을 30살로 본다. 그러한 스포츠계의 통념으로 본다면 나는 이미 전성기로부터 4년이 지나 있었다. 그럼에도 나는 여전히 팀 내 공헌도가 높았고, 유럽의 여러 리그에서 러브콜을 보내왔다. 해외에서 선수 생활을 이어갈 수 있지만, 나는 나의 선수 커리어를 어디에서 마무리해야 할지 이미 오래전부터 머릿속에 그리고 있었다. 내가 프로로 데뷔했던 흥국생명 핑크스파이더스였다.

사실 나에게는 오랫동안 머릿속으로 구상해온 아이디어가 하나 있었다. 우리나라에서 여자 배구 월드 올스타 게임을 치르면 어떨까 하는 것이었다. 내가 아는 한 지금껏 그런 이벤트가 있었다는 이야기는 들어본 적 없었다. 만약 여자 배구의 월드 스타들이 한 자리에 모여 경기를 펼치는 이벤트가 열렸다면 나에게도 연락이 왔을 텐데, 그런 일은 없었다. 국제배구연맹조차 시도하지 못한 일을 우리가 한다? 여자 배구의 세계적 스타들이 대한민국에서 모여 경기를 치른다? 생각만으로도 짜릿한 장면이었다. 하지만 이 아이디어를 실현하기 위해서는 해결해야 할 일이 너무나 많았다. 그래서 내내 마음속에 품고만 지낼 수밖에 없었다.

그리고 또 한 가지 이루고 싶은 일이 하나 더 있었다. 바로 런던 올림픽(2012년)부터 도쿄 올림픽(2021년)까지 함께 코트를 누볐던 국가대표 동료들의 은퇴식을 마련하는 일이었다. 다른 종목에서는 선수들이 은퇴식을 통해 화려하게 팬들과 작별을 나누지만, 배구에서는 상대적으로 아쉬움이 많은 은퇴식이 많았다. 늘 함께 땀 흘리며 싸워왔던 선배들과 후배들을 생각할 때, 그들의 은퇴가 조용히 사라지는 것 같아 사실이 마음 한켠에 늘 아쉬움으로 남았다. 그래서 '그렇다면 내가 먼저 나서야 하지 않을까. 내 은퇴식도 겸해 그들의 은퇴도 함께 기억되게 하자'라는 결심을 하게 되었다.

사실 나도 도쿄 올림픽 이후 국가대표 은퇴를 알렸을 때, 많은 팬들이 "은퇴식을 해달라"는 요청이 있었지만 코로나 팬데믹 상황은 그 소망을 이룰 수 없게 했다. 2021-22시즌을 중국에서 뛰고, 2022-23시즌 한국으로 돌아왔을 때는 다행히 코로나의 장벽은 사라졌지만, 그때는 팀을 위해 내 모든 시간을 쏟아야 했다. 선수로서의 시간이 점점 줄어드는 것을 느끼며, '더 늦기 전에, 현역일 때 반드시 진행을 하고 싶다'는 생각이 들었다.

물론 소속 팀에서 은퇴식을 마련해주었을 것으로 생각하지만 코로나 시기에는 무관중 경기가 많았기에, 많은 선수들의 은퇴가 꽃다발 몇 송이와 박수를 쳐주는 조촐한 행사로 마무리될 확률이 높았다. 하지만 내 생각에는 그렇게 보내져서는 안 되는 사람들이었다. 한국 배구를 위해 땀과 눈물을 쏟아온 진짜 주인공들이었기 때문이다. 그래서 나 또한 나의 은퇴식을 단순히 '김연경의 마지막 무대'가 아니라, 함께한 모든 동료들에게 바치는 무대로 만들고 싶었다. 팬들이 그들의 이름을 다시 불러주고, 우리가 함께한 시간을 함께 기억해주기를 바랐다.

아무리 뛰어난 아이디어라 해도 그것을 실현할 힘이 뒷받침되지 않으면, 그저 종이 위의 생각으로만 남아 사라지고 만다. 은퇴한 국가대표 선수들을 한자리에 모으는 일도 마찬가지였다. 동창 모임조차 모두가 참석하기 어려운 법인데,

세계 각국에 흩어져 있는 현역 또는 은퇴한 월드스타들을 같은 날, 같은 장소의 대한민국으로 불러 모은다는 것은 사실상 불가능에 가까운 미션처럼 보였다.

그럼에도 불구하고, 나는 그 일을 해낼 수 있다는 확신이 있었다. 국가대표로서 16년 동안 함께 땀 흘린 동료들과는 깊은 유대가 있었기 때문이다. 선배 선수들이 나를 아껴주었고, 나는 그들을 존경하며 따랐다. 열일곱 살 소녀였던 내가 서른을 훌쩍 넘길 때까지, 국제대회마다 함께 먹고 자며 같은 시간을 나눈 관계는 단순한 동료애를 넘어선 것이었다. 그만큼 서로를 향한 신뢰가 있었고, 그래서 나는 은퇴한 대표 선수들을 다시 한자리에 모을 수 있다는 믿음이 있었다.

해외에서 함께 뛰었던 세계적인 선수들과의 인연도 다르지 않았다. 일본, 튀르키예, 중국 등 여러 나라에서 선수 생활을 하며 나는 수많은 선수들과 친분을 쌓았다. 비록 한국 팬들에게는 낯선 이름의 선수가 간혹 있을지 몰라도, 그들 한 명 한 명 모두가 각자의 나라를 대표하는 레전드 배구 선수들이었다. 감사하게도 그들 중 많은 이들이 내 기량을 높이 평가해주었고, 몇몇 선수들은 나를 롤모델로 삼고 있다는 말을 전해 듣기도 했다. 경기력뿐 아니라 인간적인 면모까지 좋게 봐주었다는 사실은 오히려 내가 더 겸손해질 수밖에 없는 이유였다.

그래서 나는 언젠가 이 선수들을 한국으로 초대하고 싶었다. 내가 한국에서 의미있는 시간을 보내자고 제안하면 기꺼이 응해줄 친구들이 적지 않을 것이라 믿었다. 그것은 단순히 나의 성취를 보여주는 자리가 아니라, 팬들에게 세계적인 선수들을 직접 만나고 교감할 수 있는 특별한 순간을 선물하고 싶었던 것일지도 모른다.

여기서 나의 훌륭한 파트너를 소개하고 넘어가야겠다. 라이언앳(LIANAT·Like an Athlete)이라는 회사다. 라이언앳은 스포츠와 관련한 마케팅과 매니지먼트, 에이전트 업무를 진행하는 곳으로, 나와 인연을 맺은 뒤 내가 한국에서 행하는 공식 활동의 매니지먼트 업무를 해주고 있다. 그리고 또 한 사람. 내가 튀르키예 리그에서 뛰던 초창기에 인연을 맺어 벌써 10년 넘게 좋은 관계를 이어오며 물심양면 큰 도움을 주는 나의 에이전트, IM 컨설팅의 임근혁 대표님.

이분들이 국가대표 은퇴 경기와 월드 스타 경기에 초청할 대상을 선정하고 섭외하는 작업을 나와 함께 했을 뿐 아니라, 행사와 관련한 전반적인 사항을 총괄하여 실무와 궂은 일을 진행해주었다. 이 지면을 빌려 라이언앳의 임직원과 임 대표께 고마운 마음을 전하고 싶다.

2024년 6월 8일 잠실 실내 체육관에 6,000명의 관중이 운집했다. 라커룸에 있을 때만 해도 태연해 보였는데, 호명되어 경기장에 나설 순간이 다가오자 다들 얼굴에 긴장한 기색이 역력했다.

"야, 이렇게 떨릴 줄 몰랐어."

은퇴한 선수들뿐 아니라 아직 현역으로 뛰고 있는 선수들도 그랬다. 역시 국가대표의 무게감은 남달랐다.

그날 경기는 '팀 대한민국'과 '팀 코리아'로 편을 갈라 진행했다. 나를 포함하여 11명의 전 국가대표 이외에 18명의 후배 선수들이 함께했다. 승패는 중요하지 않았다. 한때 대한민국을 대표하여 뛰었던 얼굴들을 팬들에게 소개하고 함께 어울리는 것이 목적이었다. 그런데도 다들 이기겠다고 열심이었다.

관중석에서는 많은 팬들과 연예인들도 참석하여 자리를

빛내주었고, 행사 끝 무렵에 국가대표 단복으로 갈아입은 전 국가대표 선수들이 무대의 중앙에서 팬들에게 인사를 올렸다. 나를 제외한 그날의 주인공을 소개하겠다. 이름은 가나다순이다.

김사니(은퇴), 김수지(흥국생명), 김해란(은퇴), 양효진(현대건설), 이숙자(은퇴), 이효희(은퇴), 임효숙(은퇴), 한송이(은퇴), 한유미(은퇴), 황연주(현대건설).

사니 언니는 한 언론과의 인터뷰에서 이날을 떠올리며 이렇게 말했다.

"여기에 내가 들어가도 되는 건가, 제 이름이 호명되었을 때도 그래도 되는 건가 싶었어요."

물론이다. 당장 나부터가 전 국가대표 여러분의 영광스러운 작별을 마련해주고 싶었다. 우리는 같은 시대를 살며 대한민국의 승리를 기원하는 현장을 함께했다. 평소에 배구를 즐겨 보지 않던 사람들조차 그 순간만큼은 한 마음 한 뜻이 되어 같이 목청을 높였다. 국가대표와 수많은 국민이 하나가 되었던 그 아름다운 기억을 떠올릴 때마다 코트에서 죽을힘을 다했던 이들의 이름과 얼굴이 함께 기억되기를 바란다.

그리고 이튿날 대한민국 올스타와 월드 스타가 각각 '팀

스타'와 '팀 월드'로 팀을 나누어 경기를 펼쳤다. 진날의 국가대표 은퇴식 경기와는 달리 현역 선수로서의 자존심이 걸려 있는 탓에 승부는 마지막까지 초접전을 펼쳤다. 결과는 팀 스타의 승리.

경기를 마친 뒤 팀 월드의 주장을 맡은 브라질 국가대표 출신 나탈리 페레이라는 인터뷰에서 이렇게 말했다.

"최고의 친구인 김연경의 초대를 거절할 수 없었다. 우리의 우정은 영원하다."

그녀의 말대로 월드 스타 모두가 나의 부름에 응해준 것이었다. 월드 스타 선수들은 경기가 끝난 뒤 한국의 여러 곳을 관광하고 한국 문화와 먹거리를 체험했다. 모두가 즐거운 시간을 보냈고 값진 경험을 했다고 말했다. 나 역시 오랜 친구들을 한 자리에서 볼 수 있어 더없이 기쁘고 즐거웠다. 선수들은 4박 5일 동안 한국에 머물다가 각자 자기의 원래 자리로 돌아갔다.

월드 스타 초청 경기는 정기적으로 진행할 예정이다. 몇 년 후에는 어떻게 될지 장담할 수는 없지만, 당장 2025년 5월에 두 번째 월드 스타 초청 경기가 열렸다. 앞으로 비슷한 행사가 열릴 때마다 여자 배구를 사랑하는 많은 팬들께서 함께 자리해주시기를 진심으로 바란다.

국가대표 은퇴식과 월드 스타 초청 경기라는 두 가지 큰 행사를 치른 뒤 뿌듯함과 공허함이 함께 밀려왔다. 친구들이 잔뜩 집에 놀러 와서 시끌벅적하게 떠들다가 돌아간 뒤의 적막함 같은 것이었다. 이제 흥국생명의 우승이라는 마지막 숙제가 내 앞에 놓여 있었다.

여기에서 사실대로 이야기하자면(아시는 분들은 아는 이야기이겠지만), 나는 2023-24시즌을 끝으로 선수 생활에 마침표를 찍으려고 했다. 흥국생명은 정규 리그 2위로 플레이오프에 진출하여 정관장을 물리치고 챔피언 결정전에 올랐으나, 마지막 관문에서 현대건설에 0 대 3으로 완패하고 말았다.

내가 도쿄 올림픽을 앞두고 한국에 잠시 복귀했던 2020-21시즌과 이후의 2022-23시즌, 2023-24시즌 모두 챔피언 결정전에서 패배해 우승 문턱에서 좌절했다. 우승에 목이 말랐으나, 한 시즌을 더 뛴다고 해서 우승이 보장되는 것은 아니었다.

그럼에도 한 시즌을 더 뛰기로 했던 이유 중 한 가지는 나를 좋아하고 아껴주셨던 모든 분과 마지막 시즌을 함께하고 싶었기 때문이다. 갑작스러운 이별이 아니라 예정된 시간을 어느 누구도 아쉽지 않게 천천히 즐길 수 있도록 하고 싶었다. 물론 내 선수 생활의 마지막 시즌에 우승을 하는 일이 일어난다면 더할 나위 없었다.

"다시 해보자, 연경아!"

나는 그렇게 2024-25시즌이라는 마지막 레이스를 향해 달려갔다.

한 나라를 대표한다는 것은
대단히 부담스러우면서도 영광스러운 일이다.
경기에 나설 때마다 우리는
두 손과 뜻을 모아 승리를 기원하는
수많은 사람의 간절한 마음을 뚜렷이 느꼈다.
국민의 염원을 딛고 땀을 흘렸던 그 기억들은
우리가 눈 감는 순간까지도 늘 설렘을 동반하는
참신하고 새로운 장면으로 떠오를 것이다.
대한민국의 대표여서 자랑스러웠다.
함께여서 더욱 행복했다.

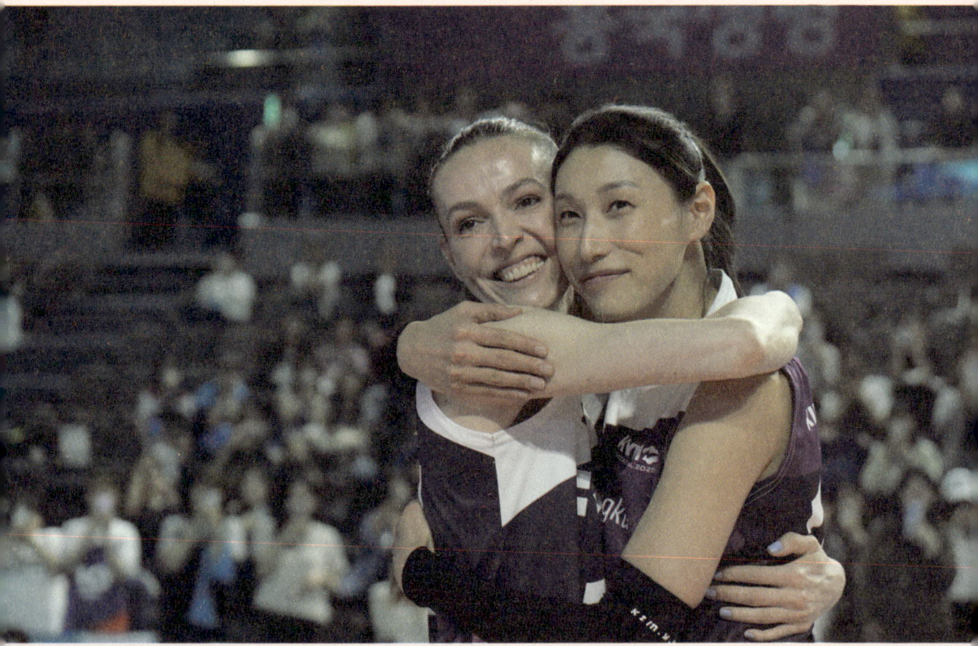

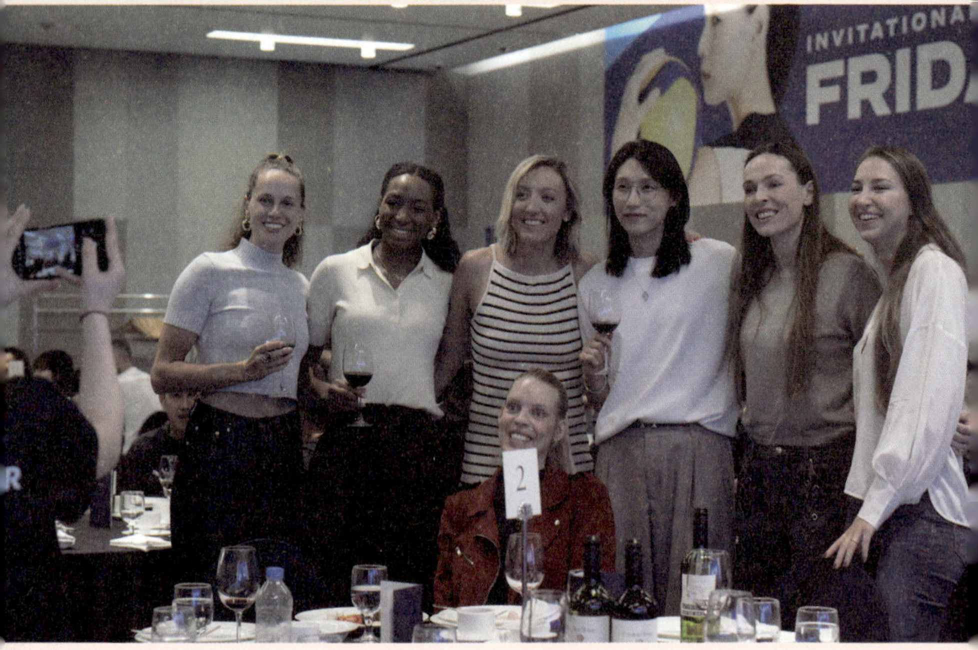
INVITATIONAL
2

삶이라는 여행길에서

내가 얻은 가장 큰 자산,

그것은 친구.

14

항상 처음처럼

배구 선수 김연경이 품어온 또 하나의 꿈

내겐 아직 힘이 조금 더 남아 있지만,
날이 저물었다. 휴식을 취할 시간이다.
이제 잠자리에 들어 나는 꿈을 꿀 것이다.
그리고 내일 아침 새로운 몸과 마음으로
다시 하루를 시작할 것이다.

인생 2막
삶의 목표
내일

충북 예산군 오가면에 오가초등학교가 있다. 1922년에 개교한 오래된 학교지만, 저출산 풍조 속에 2024년 현재 전교생이 마흔 명을 겨우 넘겼다. 고학년에 비해 저학년의 숫자가 적기 때문에 6학년 학생들이 졸업하고 나면 2025년에는 서른 명 안팎으로 전교생 규모가 더 쪼그라들게 된다. 그런데 이 학교에는 40년 넘는 전통을 자랑하는 배구부가 있다.

상황이 이러하기 때문에 해마다 신입 선수를 채우는 일이 배구부의 가장 중요한 과제였다. 그러나 그마저도 여의치 않아서 2024년 현재 1학년부터 3학년까지는 아예 선수가 없다. 6학년이 다섯 명, 5학년이 한 명, 4학년이 한 명이다. 아이들이 출전하는 대회 규정상 경기에는 5학년과 6학년만 뛸 수 있기 때문에 경기 중에 교체할 후보 선수 하나 없이 아이들은 팀을 꾸려가고 있다. 이제 6학년 선수들이 떠나면 오가초등학교 배구부는 더 이상 존속할 수 없게 된다. 교체 불가한 주전 선수 5학년 아이는 물론 스스로 자신의 포지션을 '볼 보이'라고 말하는 4학년 아이도 내년에는 배구를 하고 싶어도 할 수가 없는 처지인 것이다.

감독인 장효실 선생님과 지역 공동체가 아이들의 미래를 위해 애쓰고 있지만 아직 뚜렷한 해결책이 마련되지 않은 상태였다. 가장 좋은 방법은 전교생이 넉넉한 인근의 초등학교에서 배구부를 창단하고 그곳으로 아이들을 전학시키는 것인데, 그게 결코 쉬운 일이 아니다. 배구부를 창단하려면 시설을 증설해야 하고 예산도 마련해야 하기 때문이다.

학교 배구부를 유지하기 위해 어른들뿐 아니라 아이들도 노력을 했다. 도교육청 앞에서 피켓 시위를 한 것은 아이들이 쏟은 노력의 작은 일부분에 불과하다. 아이들은 자신들이 왜 계속 배구를 해야 하는지 그 이유를 실력으로 증명했다. 6학년 한 명과 5학년 다섯 명이 뛰었던 2023년에 오가초등학교 배구부는 전국 대회에서 준우승을 했고, 제32회 충남 학생 체육 대회에서는 우승을 일구었다. 2024년에도 아이들은 계속 기적을 써내려갔다. 1월 연맹회장기 전국 초등

배구 대회에서 3위를 했고, 3월의 단양소백산배 전국 초등 배구에서도 3위를 했으며, 4월에는 충남 소년 체육 대회에서 우승을 했다. 아이들의 절실함이 아니라면 도저히 설명할 수 없는 경이적인 성적이었다.

교체할 선수가 없기 때문에 아이들은 몸이 불편해도 경기장으로 향했다. 자신이 빠지면 다른 아이들도 경기를 뛸 수 없다는 사실을 알기에 아이들은 이를 악물고 모든 경기를 소화했다. 게다가 감독인 장효실 선생님은 이미 서울의 모 학교에서 배구부 감독 제안을 받았음에도 자신의 길을 스스로 개척하려는 아이들의 열정을 모른 체할 수 없어 오가초등학교에 남는 결정을 했다.

아이들과 장 감독님의 이러한 노력이 세상에 알려지면서 나 역시 소식을 접할 수 있었다. 마침 스크라이크라라는 모(某)기업에서 운영하는 유튜브 채널에서 오가초등학교 배구부 학생들을 대상으로 한 콘텐츠를 준비하고 있다는 소식을 들었다. 나도 오가초등학교 배구부 학생들에게 도움을 주고 싶은 마음에 같이 참여하고 싶다는 의사를 전달하였다. 원래는 오가초등학교 배구부 학생들의 이벤트 경기로만 진행될 예정이었다. 하지만 수원 경기대학교 체육관에서 대학부

여성 클럽팀과 대결 도중 내가 몰래 나타나 자연스럽게 배구 클리닉으로 전환되는 몰래카메라 형식으로 변경되었다.

평소 KYK 재단을 통해 도울 수 없을까 고민하던 중 자연스럽게 뜻이 맞아 단순한 예능 형식의 영상이 아닌 클리닉 이벤트 방향을 바꾸어 함께 진행하게 된 것이 재단 첫 사업이 되었다.

2024년 여름이었다. 연습 경기를 하던 중 내가 모습을 드러내자 아이들의 눈이 휘둥그레지더니 곧 괴성을 질러댔다. 그 모습이 어찌나 예쁘고 귀엽던지……. 그날 나는 아이들과 같이 연습 경기를 뛰고, 경기 후에는 아이들의 자세를 교정해주었다. 그리고 준비해간 물품과 지원금을 전했다.

그런데 6학년 선수들의 진로는 정해졌을까? 장효실 선생님의 말에 따르면 신장이 좋은 아이는 중학교 팀이 정해졌지만, 키가 작은 선수들은 아직 진로가 결정되지 않았다고 했다. 그 말을 듣는 순간, 내 머릿속에 떠오른 사람이 있었다. 또래보다 키가 작아서 많은 시간 후보 자리를 지켜야 했던 중학교 시절의 나였다. 그때 만약 그 키 작은 배구 선수가 상급 학교의 선택을 받지 못했다면, 어떻게 되었을까? 세계 최고의 배구 선수 김연경은 존재하지 않았을 것이다(2024

년에 6학년이었던 선수들은 모두 배구부가 있는 중학교로 진학했다. 2024년 11월 오가초등학교 배구부는 공식 해체했지만, 예산군 내의 다른 초등학교에 배구부를 신설하여 5학년과 4학년 아이는 그 학교로 전학했다. 장효실 감독은 신설한 배구부의 초대 감독으로 부임했다).

프로 선수가 되어 밥벌이를 할 수 있게 되었을 때부터 나는 유소년 스포츠에 관심이 많았다. 그래서 힘이 닿는 한 어려운 처지에 있는 배구 유망주들을 돕고자 했다.

물질적인 도움을 주는 것 못지않게 중요한 것이 사회적 울타리가 되어주는 것이다. 하지만 선수 생활을 할 때는 아이를 찾아가 장학금을 전달하거나 팀에 물품을 전달하며 잠깐 얼굴을 마주치는 것 외에 할 수 있는 것이 거의 없었다. 그래서 언젠가 때가 되면 이 일을 업(業)으로 삼겠다는 생각을 항상 품고 있었다. 여러 방면으로 알아본 결과, 그런 일을 꾸준히 할 수 있는 가장 좋은 방법은 공익 재단을 만들어서 운영하는 것이었다.

오랫동안 구상한 일을 실현하기 위해 많은 사람에게 조언을 구했다. 재단을 운영할 때 사적인 욕심이 개입하면 그 재단은 일종의 권력 집단이나 이익 집단으로 전락하고 만다는 사실도 배웠다. 때문에 무엇보다도 함께하는 사람이 가장 중요했다. 나처럼 유소년 스포츠에 애정이 많고, 유소년의 성장이 곧 모든 아마추어 리그와 프로 리그, 국가대표의 성공으로 이어진다는 프로세스에 확고한 신념을 가진 사람이어야 했다. 많은 사람을 만나고 도움을 요청하면서 하나둘 함께 할 분들을 섭외했다. 이 과정에서 현역 선수로 뛰고 있는 양효진(현대건설 힐스테이트·미들블로커), 박정아(페퍼저축은행 AI페퍼스·아웃사이드 히터), 한선수(대한항공 점보스·세터) 외에 법무와 회계, 컨설팅, 에이전트 계통의 여러 전문가들께서 함께 해주었다. 그리고 드디어 2024년 5월에 KYK 재단(KYK Foundation)을 설립했다. 오랜 시간 품어온 나의 꿈 하나가 이루어지는 순간이었다.

이때 나는 내 이름을 내건 'KYK INVITATIONAL 2024'를 기획했다. 세계적인 선수들이 함께하는 이벤트 대회였는데, 그 안에서 꼭 하고 싶은 일이 하나 있었다. 바로 세계적인 선수들과 국내 유소년 선수들이 직접 만나 교감할 수 있는 자리였다. 내가 어렸을 때 그런 기회가 있었으면 얼마나 좋았을까 하는 생각에서 기인한 것이다.

유소년 선수들에게 이러한 시간은 단순한 이벤트가 아니라 잊을 수 없는 경험이 된다. 자신의 롤 모델일 수 있는 선수를 직접 만난다는 사실만으로도 큰 동기부여가 되고, 풍부한 실전 경험을 지닌 프로 선수에게서 잠시라도 지도를 받는 순간 새로운 가능성을 발견하기도 한다. 이는 평소 코치를 통해 얻는 배움과는 또 다른 강렬한 자극이 되어, 아이들의 마음속에 깊은 울림을 남긴다.

물론 유소년 선수들에게 물질적인 지원 역시 중요하다고 생각한다. 그러나 더 본질적인 도움은 바로 이처럼 직접 만나고 배우는 과정 속에서 생겨난다. 다시 말해, 진정한 성장은 물질적 혜택보다 마음을 움직이고 시야를 넓혀주는 이런 만남을 통해 더욱 크게 이루어질 수 있다고 믿는다. 때문에 우리 재단이 계획한 첫 공식 사업도 오가초등학교 배구부 학생들을 찾아가는 것이었다. 그리고 내가 운영하는 유튜브 채널 〈식빵언니〉를 통해서도 오가초등학교 배구부의 현실을 널리 알리고자 했다.

우리가 하고자 하는 일은 거창하지 않다. 한국 스포츠의 미래를 열 유망주를 발굴하여 그 선수가 보다 좋은 환경에서 운동에 전념하도록 돕고, 힘든 처지에 있는 선수들을 찾아내어 그들이 외적인 요인으로 인해 포기하지 않도록 이끄는 것이다. 이 일을 하기 위해서 우리는 아이들을 돕고자 하는 마음과 선행이 집결하는 플랫폼이 되고자 한다. 우리 사회의 선한 영향력과 한국 스포츠의 미래를 연결하는 가교 역할을 하는 것, 이것이 KYK 재단이 나아가고자 하는 방향이다. 선수 생활을 하며 항상 최선을 다했던 것처럼 나는 이 일에도 노력과 열정을 아끼지 않겠다고 나 자신과 약속했다. 우리의 작은 역할들로 인해 서로를 응원하고 지원하는 마음과 행동이 더욱 풍성해지기를 기원한다.

2024년을 보내면서 남은 과제가 많이 있었지만, 그중에서 가장 마음에 걸리는 것이 '우승'이었다. 우리나라의 V 리그에 복귀하면서 가장 크게 염두에 두었던 그 일을 이루기까지는 이제 단 한 번의 기회밖에 남아 있지 않았다.

2025년 2월 13일이었다. 흥국생명 홈구장인 인천삼산월드체육관에서 GS칼텍스를 3 대 1로 이긴 뒤 수훈 선수 인터뷰를 하던 도중 나는 이번 시즌을 끝으로 은퇴할 것이라고 밝혔다. 2023-24시즌이 끝난 뒤에도 내가 은퇴할 것이란 소문이 돌기는 했지만, 내 입으로 공식적인 은퇴 선언을 한 것은 이때가 처음이었다. 구단과는 이미 조율이 끝난 상황이었지만, 많은 팬들께서는 갑작스러운 나의 발표에 적잖이 당황스러워했다. 하지만 팬들께서도 내가 이제 선수 생활을 마무리할 시점에 이르렀다는 사실을 예감했던 듯 담담하게 받아들였다.

내가 그처럼 전격적으로 은퇴 발표를 한 이유는 폭탄 발언을 해서 충격을 주겠다는 의도가 전혀 아니었다. 반대로 오랫동안 나를 지지하고 응원해준 팬들의 충격을 완화할 목적이었다. 만약 시즌이 끝난 뒤 은퇴 발표를 한다면, 그때야말로 너무나 갑작스러운 일일 것 같았다. 내가 아직 경기를 뛰고 있을 때 미리 알려드려서 서로 마음의 준비를 할 수 있는 시간을 갖도록 하는 것이 예의라고 생각했다. 갑작스럽게 이별을 맞이하는 것보다는 찬찬히 여유를 갖고 작별의 시간을 즐기는 것이 헤어짐을 맞이하는 좋은 방법이라고…….

당시 흥국생명은 정규 리그 1위를 달리고 있었지만, 현대건설과 정관장이 무섭게 치고 올라와서 최종 1위를 장담할 수 없는 상황이었다. 게다가 정규 리그 1위를 달성한다 해도 챔피언 결정전에서 패배하면 1등을 하고도 '2인자' 소리를 듣는 서러운 처지가 되었다.

이미 흥국생명은 2022-23시즌에 그런 일을 겪었다. 그때 우리 팀은 리그 1위를 해서 챔피언 결정전으로 직행했다. 리그 3위였던 한국도로공사가 플레이오프에서 2위 현대건설을 꺾고 올라왔다. 5판 3선승제의 챔피언 결정전에서 우리 팀이 먼저 2승을 챙겼다. 한 번만 더 이기면 우승이었다. 그런데 세 번째, 네 번째 경기를 내리 패배하고, 다섯 번째 최종 경기에서마저 지고 말았다. 나로서도, 팀으로서도 도저히 받아들이기 힘든 패배였다.

2023-24시즌에는 정규 리그 2위를 한 뒤 3위인 정관장과의 플레이오프에서 이겨 챔피언 결정전에 진출했다. 직전 시즌에 달성하지 못한 우승의 꿈을 이루기 위해 절치부심했다. 하지만 승리의 여신은 흥국생명을 외면했다. 0 대 3 완패였다(세 경기 모두 세트스코어 2 대 3으로 졌다).

시간을 조금 앞당겨서 도쿄 올림픽을 앞두고 내가 한국에 잠시 복귀했던 2020-21시즌에도 상황은 비슷했다. 흥국생명은 1위와 근소한 차이로 정규 리그 2위를 하고 챔피언 결정전에서 1위 GS칼텍스와 맞붙었다. 그때도 0 대 3으로 완패하고 말았다. 그러니까 우승 문턱에서 주저앉은 게 세 번이었다(2020-21, 2022-23, 2023-24). 이쯤 되면 트라우마가 생길 법도 하다. 챔피언 결정전에 직행하기 위해서는 정규리그 1위를 하는 것이 중요하지만, 흥국생명으로서는 1위를 해도 우승을 장담할 수 없는 처지였다.

그래서 어떤 분들은 내가 시즌 중에 은퇴 발표를 한 것이 배수진을 친 것이 아니냐는 말도 한다. 팀 동료들에게 자극을 주려 했다는 것이다. '나 이제 은퇴하거든. 그러니 잘 좀 해보자!' 뭐, 이런 것. 하지만 그런 생각은 전혀 없었다. 우승을 하든 못하든 내가 현역으로 뛰는 마지막 경기까지 최선을 다하며 팬들과 함께 남은 시간을 즐기자는 생각뿐이었다.

은퇴 발표를 하고 3일 뒤인 2월 16일 IBK기업은행과의 원정 경기를 치르기 위해 화성종합실내체육관으로 향했다. 평소보다 관중이 많다 싶었는데, 경기가 끝난 뒤 정말 뜻밖의 선물을 받았다. IBK기업은행 선수들이 나를 위해 기념품을 전달하는 행사를 마련한 것이었다. 이때부터 수원체육관(현대건설 홈구장), 대전충무체육관(정관장 홈구장), 광주 페퍼스타디움(페퍼저축은행 홈구장), 서울장충체육관(GS칼텍스 홈구장)으로 원정 경기를 갈 때마다 엄청난 환영을 받았다. 그야말로 '은퇴 투어'였다(은퇴 발표 이후 한국도로공사와의 원정 경기가 없어서 김천실내체육관에 가지 못한 것이 아쉽다). 내가 이렇게 과분한 대접을 받아도 되나 싶을 만큼 황송하고 고마운 나날이었다.

뜻하지 않은 은퇴 투어가 한창 진행 중이던 2월 26일, 흥국생명은 2024-25시즌 정규 리그 1위를 확정짓고 챔피언 결정전으로 직행했다. 마침 그날은 내 생일이었다. 나는 만 37세가 되었다.

현실에서 너무 극적인 일이 벌어지면 이런 말들을 한다. "드라마를 써도 너무 이렇게 쓰면 바가지로 욕먹는다." 그런데 실제로 그런 일이 일어났다.

2024-25시즌 여자 배구의 왕좌를 가리는 챔피언 결정전. 상대는 정규 리그에서 3위를 한 뒤 플레이오프에서 2위 현대건설을 꺾고 올라온 정관장이었다. 흥국생명이 먼저 2승을 챙겼다. 이때까지만 해도 우리의 우승을 의심하는 사람은 없었다. 드라마가 너무 맥없이 끝나서 아쉬울 것 같다는

소리까지 나왔다. 하지만 정관장의 홈구장인 대전충무체육관에서 벌어진 3차전과 4차전에서 흥국생명은 최종 세트까지 가는 접전 끝에 두 게임 모두 패배했다. 흥국생명 선수 모두가 먼저 2승을 하고도 이후 내리 3패를 해서 우승컵을 놓쳤던 2022-23시즌 챔피언 결정전의 악몽을 떠올리지 않을 수 없었을 것이다. 운동선수라면 누구나 무시하려 애쓰면서도 무시할 수 없는 징크스라는 것이 있다. 2승 이후의 2패라는 조짐이 좋지 않았다. 챔피언 결정전의 마지막 격전장이자 내 선수 생활의 마지막 경기를 치를 인천삼산월드체육관으로 향하면서 솔직히 마음이 무거웠다.

경기장의 열기는 그 어느 때보다 뜨거웠다. 홈구장인 만큼 흥국생명의 팬이 압도적으로 많았다. 그들을 마주하는 순간, 질 수 없다는 뜨거운 승부욕이 끓어올랐다. 이 마지막 경기를 위해 나의 모든 것을 쏟아붓자는 의지가 타올랐다. 승부는 나의 권한 밖에 있는 일이다. 선수 생활을 하며 뛰었던 모든 경기가 그랬다. 하지만 내 힘으로 어찌할 수 없는 일에 승리의 가능성을 높이기 위해 지금껏 달려왔고 최선을 다했다. 오늘, 그 마지막 성적표를 받아드는 순간이었다.

1세트는 26 대 24, 우리의 승리였다. 2세트 역시 26 대 24

내 뜻대로 결과를 끌어내려고 할 때 반칙이 개입한다.
최선을 다하고 주어진 결과를 수용하는 것,
그런 태도가 우리 사회를 공정한 곳으로 만든다.

로 우리가 웃었다. 세트 스코어 2 대 0. 우승을 낙관하기에 충분한 상황이었다. 그런데 3세트부터 분위기가 묘해졌다. 3세트는 24 대 26으로 정관장의 승리. 이어서 4세트. 23 대 25로 또다시 정관장의 승리였다. 이로써 세트 스코어 2 대 2. 지난 모든 시간이 마지막 5세트에 달려 있었다.

    2005-06시즌부터 프로 선수로 뛰었으니, 2024-25시즌까지 프로 선수로 딱 20년을 뛰었다. 초등학교 4학년이었던 1997년 처음 배구공을 잡은 때로부터 따지면 선수 생활을 한 기간이 28년이다. 운동선수의 특성상 여러 팀으로 옮겨 다닐 수밖에 없기 때문에 '평생직장'을 실현하지는 못했지만, 한 가지 직업에 종사한 근속 연수가 28년이니, 나름 성실하게 살았다고 할 수 있다.

    대표팀에 합류한 뒤 세 번의 올림픽과 네 번의 아시안게임, 그리고 세계 선수권 대회와 월드 그랑프리, 월드컵, 네이션스 리그, 아시아 선수권 등의 국제 대회에 거의 빠지지 않고 나섰다. 일일이 세어보지는 않았지만, 국제배구연맹의 공식 집계에 의하면 내가 그동안 모두 271회의 국제 경기에 나서서 4,981점의 득점을 올린 것으로 나와 있다. 이 집계에 잡히지 않는 국가 간 친선 경기와 평가전까지 합치면 경기 수와 득점 수가 얼마나 될지 나조차도 가늠하기 힘들다. 그리고 내가 소속된 팀은 거의 대부분 상위권에 랭크되었기에 정규 시즌뿐 아니라 포스트 시즌까지 경기를 뛰어야 했다. 그 경기들까지 헤아리자면 아마도 경기 수가 1,000 단위를 넘어설 것이다. 그동안 나는 도대체 몇 번의 점프를 했을까?

사람들이 묻는다. 왜 아직도 경기장에서 훨훨 날아다니는데 은퇴를 하느냐고. 박수 칠 때 떠나는 게 폼 나니까? 아니다. 내 몸이 성하다면 나는 계속 선수로 남았을 것이다. 하지만 나의 육신은 더 이상 그것을 허락하지 않았다. 경기를 뛸 때마다, 경기가 끝난 뒤에 항상 통증에 시달려야 했다. 게다가 나름 털털하고 긍정적인 성격이라고 자부하지만 이겨야 한다는 압박감으로부터 자유로울 수 없었다. 몸과 마음의 신호를 따랐다면 진즉에 은퇴를 했어야 하지만, 나는 나의 마지막을 최대한 미루고 싶었다. 경기장에 있을 때 나는 진정 살아 있음을 느꼈고, 훌륭한 플레이를 펼치면서 나의 존재를 확인했다. 하지만 날이 저물어가고 있었다. 이제는 나의 낡은 연장을 챙겨서 돌아가야 할 시간이었다. 그리고 나는 다시는 되돌릴 수 없는 챔피언 결정전 마지막 경기의 마지막 세트와 마주하고 있었다.

5세트 후반부 점수는 10 대 10. 이때 나의 공격으로 흥국생명이 1점 앞섰다. 그러나 상대편 공격수의 득점으로 다시 11 대 11. 이어서 상대편의 범실로 12 대 11. 정관장의 주전 공격수 메가(인도네시아)의 블로킹 성공으로 다시 12 대 12. 우리 팀 외국인 선수 투트쿠(튀르키예)의 공격이 성공하면서 점수는 13 대 12.

여기서 나는 서브를 넣기 위해 후위에 자리를 잡았다. 서브를 때린 뒤 수비 위치를 지키고 있을 때 상대편에서 강한 스파이크가 날아왔다. 내 개인적으로는 이때의 내 수비가 경기의 향방에 결정적 역할을 했다고 본다. 왼쪽으로 몸을 날려 받아낸 공을 우리 편의 투트쿠가 상대편 코트에 꽂으면서 점수는 14 대 12로 벌어졌다. 다시 나의 서브였다. 서브를 때린 뒤 후위에 자리 잡고 있을 때 옥신각신하던 공이 우리 진영으로 넘어왔고, 세터는 내가 백어택 공격을 하도록 공을 올렸다. 경기를 끝낼 수 있는 기회였다. 하지만 백어택 라인 앞에 우리 선수가 넘어져 있어서 어정쩡하게 넘긴 공이 그대로 상대 블로킹에 걸리고 말았다. 점수는 14 대 13이 되었다.

상대편에서 서브가 넘어왔다. 우리 팀이 공격했으나 수비에 막혔다. 이어진 상대편의 스파이크 공격. 그걸 후위에 있던 내가 걷어 올렸다. 그리고 이어서 투트쿠의 마지막 일격이 가해졌다. 상대편 수비수의 팔을 맞고 튄 공이 멀리 뒤편으로 날아갔다. 15 대 13, 우리의 승리였다. 흥국생명의 우승이었다.

경기가 끝난 뒤 준우승 시상을 하고 도열한 정관장 선수들 앞으로 커다란 플래카드가 펼쳐졌다. 거기에는 이렇게 적혀 있다. '함께해서 영광이었습니다. 김연경 선수의 앞날을 정관장이 응원합니다.'

2024-25시즌 챔피언 결정전의 최종전이 펼쳐진 인천삼산월드체육관은 그야말로 축제 분위기였다. 그리고 그 중심에 내가 있었다. 우승 문턱에서 좌절한 정관장 선수들은 아쉬움이 분명 컸겠지만, 그런 가운데에도 나의 '라스트 댄스'가 해피엔딩으로 마무리된 것을 진심으로 축하해주었다. 지난

몇 년간 꿈꾸었던 우승 세리머니의 순간을 나는 마음껏 즐겼다.

커리어의 마지막 순간을 나만큼 극적으로 마무리한 운동선수가 또 있을까? 마지막 시즌의 마지막 경기에서 우승을 결정짓고 MVP까지 수상한 사례는 아마도 찾아보기 힘들 것이다. 선수 생활의 마침표를 찍는 순간에 모든 것이 딱딱 맞아떨어진 일에 대해서 나는 설명할 수 없다. 내가 한국으로 복귀한 뒤 흥국생명이 단 한 번이라도 통합 우승을 했다면, 정관장과의 챔피언 결정전이 3차전이나 4차전에서 끝났다면, 나의 드라마가 그렇게까지 감동적이고 극적이지는 않았을 것이다. 그 가슴 벅찬 순간을 맞이하게 해준 내 삶의 모든 순간과 조각과 시간과 사람과 인연에 감사할 뿐이다.

체육관 부근의 고깃집에서 우승 뒤풀이를 했다. 축제 분위기 속에서 모두들 그간의 긴장을 내려놓고 술잔도 기울였다. 음주를 한 탓에 집으로 돌아가지 못하고 그날 밤은 팀 숙소에서 자고 다음 날 집으로 향했다. 거기서 끝이 아니었다. 친한 친구 몇 명이 서프라이즈 은퇴식을 열어주어서 다시 한 번 파티를 즐겼다. 강렬하면서도 정신없고 나른했던 이틀이 지나고, 드디어 집으로 돌아가 샤워를 한 뒤 잠옷으

로 갈아입었다. 내가 가장 행복해하는 침대에 눕는 시간이 기다리고 있었다.

침대에 누운 뒤 나에게 인사를 건넨다. "연경아, 28년 동안 고생했어." 정수리에서부터 발끝까지 찌르르한 소름이 훑고 지나간다. '아, 이런 거였구나.' 시원섭섭하다는 감정이 어떤 것인지 제대로 느낄 수 있었다.

이불을 끌어당기며 나는 상상한다. 10년 뒤의 나를. 지금까지 그랬던 것처럼 미래의 10년 동안 내 자리에서 나의 할 일과 약속과 역할을 다한 나를······.

지금보다 얼굴에 주름이 많아져서 인상이 포근해진 내가 나를 향해 웃어 보인다.

가장 화려하게 출발하여
가장 화려하게 골인 지점을 통과했다.
'김연경'이라는 스토리는 나 혼자 쓴 것이 아니었음을
어느 누구보다도 내가 가장 잘 안다.
이 마음으로, 행복하고 아름다운 생각으로
나는 나에게 주어진 일을 다시 시작할 것이다.
항상 처음처럼….